Livia Merla

DEIN JOB, DEINE RECHTE

1. Auflage Mai 2024

Veröffentlicht im Trabanten Verlag
Berlin, Mai 2024

ISBN: 978-3-98697-073-4

www.trabantenverlag.de

Livia Merla

DEIN JOB, DEINE RECHTE

Arbeitsrecht einfach erklärt

TRA
BAN
TEN

Inhalt

1

Der Start in ein Arbeitsverhältnis

Der Übergang in ein neues Arbeitsverhältnis birgt sowohl Aufregung als auch Unsicherheit. Von etlichen Vertragsdetails bis hin zu den Erwartungen des Arbeitgebers können viele Fragen und Unklarheiten auftauchen, die es zu klären gilt. Als Arbeitnehmer ist es entscheidend, sich dieser Herausforderungen bewusst zu sein und sie aktiv anzugehen.

Egal, ob Sie gerade erstmals in das Arbeitsleben einsteigen, eine neue Stelle antreten oder einfach Ihr Wissen über Ihre Rechte und Pflichten als Arbeitnehmer vertiefen möchten, dieses Kapitel wird Ihnen dabei helfen, sich sicherer und informierter zu fühlen.

Schauen Sie immer gründlich in Ihren Arbeitsvertrag

Wenn Sie tatsächlich gerade eine neue Stelle antreten, ist ein vertiefter Blick in den Arbeitsvertrag unerlässlich. Wer hier schon die ersten Stolpersteine im Arbeitsvertrag erkennt, sollte sich zum einen natürlich bezüglich seiner Rechte beraten lassen, aber auch gleichzeitig auf der Hut sein. Ein Arbeitsvertrag sagt nämlich schon relativ viel über den zukünftigen Arbeitgeber aus. Oftmals lässt sich daraus ableiten wie „der Hase so läuft".

1 Die Probezeit

Ein neuer Job beginnt fast immer mit einer Probezeit, in der sich Arbeitnehmer und Arbeitgeber kennenlernen und gegebenenfalls auch unproblematisch wieder voneinander trennen können.

1.1 Gilt eine Probezeit immer automatisch?

Eine Probezeit gilt im Arbeitsverhältnis allerdings nicht automatisch. Legt der Arbeitgeber daher Wert auf eine Probezeit, muss er diese auch explizit im Arbeitsvertrag vereinbaren. Die gesetzliche Grundlage bildet hier § 622 Abs. 3 BGB. Danach darf eine Probezeit maximal sechs Monate betragen.

Während der Probezeit kann ein Arbeitsverhältnis von beiden Arbeitsvertragsparteien mit einer verkürzten Kündigungsfrist von **zwei Wochen** gekündigt werden. Eine Trennung ist daher zügig möglich. Nach Ablauf der Probezeit gelten dann die jeweils einschlägigen, längeren Kündigungsfristen.

Da in den ersten sechs Monaten des Arbeitsverhältnisses für den Arbeitnehmer ohnehin noch kein Kündigungsschutz besteht, kann sich der Arbeitgeber innerhalb dieses

Zeitraumes ohne Vorliegen eines Kündigungsgrundes von seinem Mitarbeiter trennen. Auf dieses Thema gehen wir im 3. Kapitel noch einmal genauer ein.

Fazit:

Die Chancen, erfolgreich gegen eine Kündigung während der Probezeit vorzugehen, sind verschwindend gering.

1.2 Darf der Arbeitgeber die Probezeit verlängern?

Viele Arbeitgeber haben oftmals ein großes Interesse daran, die Probezeit zu verlängern. Es ist schon etliche Male in der Praxis vorgekommen, dass Arbeitgeber-Mandanten kurz vor Ablauf der sechsmonatigen Probezeit hektisch in unserer Kanzlei anrufen und fragen, ob es nicht möglich wäre, die Probezeit doch nochmal zu verlängern - wenigstens für ein paar Wochen.

Zu groß ist die Unsicherheit, ob der Mitarbeiter wirklich perfekt auf die Stelle passt. Diesem Wunsch muss ich eine klare Absage erteilen.

Eine Probezeit darf gemäß § 622 Abs. 3 BGB **höchstens sechs Monate** betragen. Danach ist dann grundsätzlich Schluss. Der Arbeitgeber ist daher nicht befugt, die Probezeit über die sechs Monate hinaus zu verlängern. Dies verbietet bereits das Gesetz.

Eine Verlängerung der Probezeit macht jedoch aus zweierlei Gründen auch keinen Sinn mehr. Zum einen muss der Arbeitgeber eine finale Entscheidung treffen. Hat der Arbeitgeber nach sechs Monaten Zusammenarbeit hingegen immer noch ernsthafte Zweifel, ist es vermutlich „einfach nicht der richtige Mitarbeiter."

Zum anderen erreicht der Arbeitgeber auch nicht den gewünschten Vorteil, denn nach sechs Monaten Beschäftigung unterliegt der Arbeitnehmer in einem Betrieb mit mehr als 10 Mitarbeitern dem Kündigungsschutz. Der Arbeitgeber kann sich daher „kein Türchen mehr offenhalten". Der Sinn einer Probezeit, das Arbeitsverhältnis ohne Vorliegen eines Grundes zügig wieder beenden zu können, ist zu dieser Zeit nicht mehr gegeben.

Anders sieht die Rechtslage natürlich bei einer kürzeren Probezeit aus. Endet die Probezeit laut Arbeitsvertrag bereits nach drei Monaten, kann eine Probezeit theoretisch um weitere drei Monate verlängert werden, bis die vollen sechs Monate ausgeschöpft sind. Dies geht jedoch nicht einseitig, sondern nur mit Zustimmung des Arbeitnehmers.

2 Vorsicht bei befristeten Arbeitsverhältnissen

Arbeitsverträge können befristet oder unbefristet abgeschlossen werden. Während bei einem unbefristeten Arbeitsverhältnis eine Kündigung oder eine einvernehmliche Einigung in Form eines Aufhebungsvertrages für die Beendigung des Arbeitsverhältnisses erforderlich ist, endet ein befristeter Arbeitsvertrag automatisch mit dem Ablauf der Befristung.

Da das Thema „Befristung“ in der Praxis ein erhebliches Fehlerpotential birgt und der überwiegende Teil an befristeten Arbeitsverträgen schlichtweg unwirksam ist, führt eine Befristung oftmals in eine Sackgasse - zumindest für Arbeitgeber.

Denn lässt ein Arbeitnehmer eine Befristung von einem Arbeitsgericht genauer unter die Lupe nehmen, stellt man oft fest, dass die Befristung von Anfang an nicht wirksam vereinbart wurde. Und zack ist aus dem eigentlich angestrebten, befristeten Arbeitsverhältnis ein unbefristetes Arbeitsverhältnis geworden. Schauen wir uns zunächst einmal die grundsätzlichen Möglichkeiten einer Befristung an. Ein Arbeitsvertrag kann nämlich auf unterschiedliche Art und Weise befristet werden.

2.1 Wie kann ein Arbeitsverhältnis befristet werden?

Ein befristeter Arbeitsvertrag kann entweder als zeitbefristeter Vertrag für eine im Vorfeld festgelegte Zeit abgeschlossen werden oder als zweckbefristeter Vertrag bei Vorliegen eines entsprechenden Sachgrundes. Der Arbeitsvertrag endet dann automatisch mit Erreichen des entsprechenden Datums oder Erreichen des bestimmten Zwecks.

Regelungen zur Befristung von Arbeitsverträgen findet man im Teilzeit- und Befristungsgesetz (TzBfG).

2.1.1 Die reine Zeitbefristung (ohne Vorliegen eines Grundes)

Gemäß § 14 Abs. 2 TzBfG kann ein Arbeitsvertrag für die maximale Dauer von zwei Jahren ohne Vorliegen eines sachlichen Grundes befristet werden. Innerhalb dieses Zeitfensters kann der befristete Arbeitsvertrag dreimal verlängert werden.

Praxisbeispiel:

Ein Arbeitnehmer wird neu eingestellt, und zwar befristet für sechs Monate auf Basis von § 14 Abs. 2 TzBfG. Kurz vor Ablauf der sechs Monate, verlängert der Arbeitgeber den Arbeitsvertrag um weitere sechs Monate (1. Verlängerung), kurz vor Ablauf der sechs Monate verlängert er ein weiteres Mal (2. Verlängerung) und zum Schluss noch einmal für sechs Monate (3. Verlängerung). Damit sind die vollen 24 Monate und die dreimalige Verlängerungsoption ausgeschöpft. Eine weitere Zeitbefristung ist danach nicht mehr möglich.

Wichtige Ausnahmen:

Im Rahmen eines Tarifvertrages kann die Anzahl der Verlängerungsoptionen oder die Höchstdauer der Befristungen abweichend von § 14 Abs. 2 TzBfG geregelt werden. Hier sind im Einzelfall längere Befristungsmöglichkeiten denkbar.

Darüber hinaus gilt eine Ausnahme bei sogenannten Existenzgründern: Wer ein neues Unternehmen gegründet hat, darf in den ersten vier Jahren befristete Arbeitsverträge für eine maximale Dauer von vier Jahren abschließen.

Das bringt viele Befristungen zu Fall:

Jetzt kommt ein ganz wichtiger Punkt, denn dieser wird in der Praxis häufig übersehen.

Eine kalendermäßige Zeitbefristung ist grundsätzlich nur bei einer Neueinstellung möglich. Damit wird eine Befristungsmöglichkeit ausdrücklich verboten, wenn der Arbeitnehmer zuvor mit dem Arbeitgeber schon einmal in einem Arbeitsverhältnis stand. Dabei ist es egal, ob zuvor ein Teilzeit- oder Vollzeitarbeitsverhältnis bestand, ob dieses befristet oder unbefristet abgeschlossen wurde. Die Rechtsprechung spricht hier von einem ausdrücklichen Vorbeschäftigungsverbot gemäß § 14 Abs. 2 Satz 2 TzBfG.

2.1.2 Die Zweckbefristung (mit einem Sachgrund)

Eine Befristung des Arbeitsverhältnisses kann jedoch auch aus einem sachlichen Grund gerechtfertigt sein. Der Gesetzgeber hat in § 14 Abs. 1 S. 2 Nr. 1-8 TzBfG Regelbeispiele für die Rechtfertigung einer Befristung aufgeführt.

Diese sind jedoch nicht abschließend, was uns das Wörtchen „insbesondere" verdeutlichen möchte.

Beispiele für eine Zweckbefristung sind z. B. ein Arbeitsverhältnis als Vertretung für einen anderen Arbeitnehmer, ein im Voraus befristetes Projekt oder ein nur vorübergehender Arbeitskräftebedarf.

Anders als bei der kalendermäßigen Befristung gibt es bei der Sachgrundbefristung keine zeitliche Höchstgrenze von zwei Jahren und auch keine Begrenzung auf eine maximale Anzahl an Verlängerungen innerhalb dieses Zeitraumes.

Dennoch sollten es die Vertragsparteien natürlich auch hier nicht übertreiben. Gerade bei einer Befristung aufgrund der Vertretung anderer Kollegen sollte ein Missbrauch von Befristungsmöglichkeiten ausgeschlossen werden. Wer als Arbeitgeber immer wieder händeringend neue Mitarbeiter benötigt, wird einen vorübergehenden Personalbedarf nur schwer begründen können.

Daher sind sogenannte Kettenbefristungen unzulässig. So hat das Bundesarbeitsgericht z. B. angenommen, dass eine Gesamtdauer von 11 Jahren und sage und schreibe 13 Befristungen rechtsmissbräuchlich ist.

Irgendwie nachvollziehbar. ☺

Es muss daher stets im Einzelfall geprüft werden, ob die Gestaltung der jeweiligen Befristungsabrede rechtsmissbräuchlich und damit unwirksam ist.

2.2 Die häufigsten Fehler bei Befristungen

Kommen wir jetzt zu den Klassikern unter den Befristungsfehlern.

Eine wirksame Befristung eines Arbeitsvertrags setzt zunächst voraus, dass die Befristungsabrede in Schriftform geschlossen wird (siehe § 14 Abs. 4 TzBfG) und das bitte **„vor“** Arbeitsantritt. Hier geht es in der Praxis meist schon „drunter und drüber“.
Ja, ohne Beachtung der Schriftform sind Befristungen unwirksam, mit der Folge, dass ein unbefristetes Arbeitsverhältnis entstehen kann, wenn der betroffene Mitarbeiter rechtzeitig rechtliche Schritte einlegt. Das Schriftformerfordernis erstreckt sich dabei sowohl auf die Befristungsabrede selbst als auch auf eine etwaige Verlängerung der Befristung. Schriftform meint hier tatsächlich die eigenhändige Unterschrift beider Parteien gemäß § 126 BGB (so wie bei einer Kündigung).

Im Gegensatz zu einer Kündigung kann die Schriftform bei einer Befristungsabrede jedoch gemäß § 126 a BGB durch eine elektronische Form ersetzt werden. In diesem Fall müssen beide Parteien mittels einer qualifizierten elektronischen Signatur das Vertragswerk signieren.

Aufgepasst: Eine Befristungsabrede per Mail, einge-scannter Unterschrift etc. ist schlichtweg unzulässig. Eine qualifizierte elektronische Signatur hat hier wesentlich höhere Anforderungen. Daher auch der Name „qualifiziert.“

2.3 Stillschweigende Fortsetzung des Arbeitsverhältnisses

So richtig schießt die Personalabteilung aber den Vogel ab, wenn sie nicht auf dem Radar hat, dass demnächst ein befristeter Arbeitsvertrag ausläuft. Arbeitet ein Arbeitnehmer über das vereinbarte Befristungsende hinaus einfach weiter, ohne dass der Arbeitgeber dem unverzüglich widerspricht, gilt das zulässig befristete Arbeitsverhältnis als auf unbestimmte Zeit verlängert und läuft einfach weiter (vgl. § 15 Abs. 6 TzBfG). So schnell ist aus dem befristeten ein unbefristetes Arbeitsverhältnis geworden.

2.4 Was tun bei einer unwirksamen Befristung?

Möchte man als Arbeitnehmer rechtliche Schritte gegen eine vereinbarte Befristung einlegen und geltend machen, dass diese unwirksam ist, muss spätestens innerhalb von drei Wochen nach dem vereinbarten Ende der Befristung eine Entfristungsklage gemäß § 17 TzBfG beim zuständigen Arbeitsgericht eingereicht werden.

Möglich ist es jedoch auch, eine solche Klage schon vor dem vereinbarten Befristungsende zu erheben. Im Fall des erfolgreichen Ausgangs des Klageverfahrens wird festgestellt, dass die vereinbarte Befristung unwirksam ist und das Arbeitsverhältnis künftig unbefristet fortbesteht.

3 Das Gehalt muss stimmen

Das Gehalt ist neben anderen Faktoren, wie z. B. der persönlichen Wertschätzung, nur ein Punkt, der für Arbeitnehmer sehr wichtig ist. Da jeder Arbeitnehmer aber auch Zahlungsverpflichtungen unterliegt, muss das Gesamtpaket zwischen Leistung und Gegenleistung einfach passen.

3.1 Wie hoch muss ein Gehalt mindestens sein?

Im Arbeitsleben ist das Gehalt in erster Linie Verhandlungssache und das Ergebnis der Privatautonomie zwischen Arbeitnehmer und Arbeitgeber.

Allerdings gibt es in Deutschland eine Mindestgrenze, die bei der Gehaltsstruktur strikt eingehalten werden muss. Seit dem Jahr 2015 gibt es nämlich den gesetzlichen Mindestlohn. Danach darf ein Mitarbeiter in keiner Branche in Deutschland unterhalb des gesetzlichen Mindestlohns beschäftigt werden.

Seit dem 1. Januar 2024 beträgt der allgemeine gesetzliche Mindestlohn nunmehr 12,41 Euro brutto pro Arbeitsstunde. Gleichzeitig hat sich auch die monatliche Verdienstgrenze für sogenannte Mini-Jobber verändert. Diese beträgt künftig 538 Euro brutto statt wie bisher 520 Euro brutto.

Damit wird Minijobbern ermöglicht, bis zu 43,35 Stunden im Monat zu arbeiten. An dieser Stelle sollten HR-Verantwortliche die aktuellen Stundensätze von Mitarbeitenden noch einmal überprüfen und gegebenenfalls anpassen.

Der Mindestlohn ist jedoch nicht immer gleich. Darüber hinaus gibt es auch branchenspezifische Mindestlöhne, die über dem allgemeinen gesetzlichen Mindestlohn liegen.

3.2 Bis wann muss das Gehalt gezahlt werden?

An dieser Stelle hilft oftmals ein Blick in den Arbeitsvertrag, denn grundsätzlich muss ein Arbeitsvertrag aufgrund des Nachweisgesetzes Auskunft über den Fälligkeitszeitpunkt des Gehalts geben. Hier findet man häufig Regelungen dazu, dass das Gehalt Ende des Monats gezahlt wird oder spätestens zum 15. des Folgemonats. Finden wir hingegen keine Regelungen im Arbeitsvertrag, hilft uns das Gesetz entsprechend weiter.

In § 614 BGB steht nämlich eine Regelung zur Fälligkeit des Arbeitsentgelts. Danach ist der Arbeitnehmer vorleistungspflichtig. Er muss also zunächst arbeiten und erst dann folgt die Vergütung seiner Tätigkeit. Ist die Vergütung nach Zeitabschnitten bemessen, so ist sie nach dem Ablauf der einzelnen Zeitabschnitte zu entrichten. Dies bedeutet, wenn sie nach Monaten vereinbart ist, dass der Arbeitgeber nach Ablauf des Monats zahlen muss. Grundsätzlich ist das Gehalt damit spätestens am ersten Tag des folgenden Monats fällig.

3.3 Darf der Arbeitgeber Trinkgelder behalten?

Gerade im kundenorientierten Bereich, wie z. B. der Gastronomie, kommt es vor, dass Mitarbeiter aufgrund ihres guten Services Trinkgelder von Gästen erhalten. Es handelt sich dabei um eine freiwillige Zahlung des Gastes oder Kunden für die besondere Dienstleistungsqualität, die eine besondere Wertschätzung zum Ausdruck bringen soll.

In Deutschland betragen Trinkgelder nicht selten 5 -10 % des Rechnungsbetrages. Ziemlich ärgerlich ist es dann, wenn der Chef entsprechende Trinkgelder nach Dienstschluss einkassiert. Aus meiner langjährigen Erfahrung weiß ich, dass dies häufig leider so gehandhabt wird.

Aber ist dies wirklich zulässig?
Meine kurze Antwort lautet: Nein!

Trinkgelder sind ausschließlich für die Mitarbeiter bestimmt und nicht für den Arbeitgeber. Tatsächlich gibt es dazu auch eine Regelung in der Gewerbeordnung. In § 107 Abs. 3 der Gewerbeordnung ist nämlich geregelt, dass ein Trinkgeld ein

Geldbetrag ist, den ein Dritter ohne rechtliche Verpflichtung dem Arbeitnehmer zusätzlich zu einer dem Arbeitgeber geschuldeten Leistung zahlt.

Das Trinkgeld steht damit in keiner Verbindung zum regulären Gehalt.

Und beim Arbeitnehmer soll der Geldbetrag auch verbleiben. Ob er dann freiwillig sein erhaltenes Trinkgeld mit Kollegen teilt, ist eine andere Geschichte, aber das geht den Arbeitgeber erst einmal nichts an.

4 Die betriebliche Übung

In vielen Unternehmen entwickeln sich über Jahre hinweg Gewohnheiten oder Bräuche. So auch häufig bei Sonderzahlungen, wie z. B. einem Weihnachtsgeld, bei dem es keine dazugehörige vertragliche Regelung gibt.

Natürlich freut man sich als Arbeitnehmer über ein unerwartetes finanzielles Geschenk. Gleichzeitig weckt dies jedoch die Hoffnung, dass es im nächsten Jahr wieder eine entsprechende Zahlung gibt.

Das ist genau das Problem in der Praxis, bei dem sich viele Arbeitgeber in eine Zahlungsfalle hineinmanövrieren.

Die regelmäßige Wiederholung dieser Verhaltensweisen bzw. Zahlungen kann zur Entstehung einer sogenannten „betrieblichen Übung" führen.

Darunter versteht man vereinfacht ausgedrückt, dass Arbeitnehmer bei einem bestimmten, wiederholten und vorbehaltlosen Verhalten ihres Arbeitgebers darauf vertrauen können, dass er in der Zukunft weiter so handelt wie in der Vergangenheit.

Es handelt sich dabei um ein rechtliches Konstrukt, das nicht im Gesetz geregelt ist, sondern durch die Rechtsprechung entwickelt wurde.

Eine betriebliche Übung wird z. B. dann angenommen, wenn der Arbeitgeber bei einer Sonderzuwendung, wie z. B.

dem Weihnachtsgeld, dieses in drei aufeinanderfolgenden Jahren, vorbehaltlos und in gleichbleibender Höhe an den Arbeitnehmer gezahlt hat.

Verhindern kann der Arbeitgeber das Entstehen einer betrieblichen Übung durch die Erklärung eines sogenannten Freiwilligkeitsvorbehaltes, die gleichzeitig mit der Zahlung an den Arbeitnehmer erfolgt. Mit einer solchen Erklärung bringt der Arbeitgeber deutlich zum Ausdruck, dass die Zahlung auf freiwilliger Basis erfolgt und dass er sich diesbezüglich keinesfalls für die Zukunft rechtlich binden möchte. Vielmehr möchte der Arbeitgeber im nächsten Jahr neu entscheiden, ob und in welcher Höhe er eine Zahlung erbringt.

Ohne eine solche Erklärung läuft ein Arbeitgeber Gefahr, dass aus der einst freiwilligen Zahlung eine betriebliche Übung und damit ein zukünftiger Anspruch auf die Zahlung für den Arbeitnehmer entsteht.

5 Internet und private E-Mail-Nutzung am Arbeitsplatz

Fast jeder Arbeitnehmer hat an seinem Arbeitsplatz Zugang zum Internet. Und sind wir mal ehrlich: Wahrscheinlich hat auch jeder Arbeitnehmer schon mal während der Arbeitszeit schnell etwas gegoogelt, eine Mail verschickt oder war auf Social Media unterwegs.

Aber ist dies eigentlich rechtmäßig oder begibt man sich hier schnell auf dünnes Eis?

5.1 Ist privates Internetsurfen auf der Arbeit verboten?

Die meisten Arbeitgeber sehen es gar nicht gerne, wenn der Arbeitnehmer im Internet surft oder auf dem Handy „rumdaddelt", denn die Ablenkung ist natürlich dementsprechend groß. Zudem geht wertvolle Arbeitszeit verloren.

Das wird vermutlich viele überraschen, aber streng genommen ist privates Surfen am Arbeitsplatz verboten (auch wenn es nur ein paar Minuten sind), außer es ist ausdrücklich erlaubt oder über längere Zeit geduldet worden. Während der Arbeitszeit verletzt der Arbeitnehmer damit nämlich seine (Hauptleistungs-) Pflicht zur Arbeit.

Die Pflichtverletzung wiegt dabei umso schwerer, je mehr der Arbeitnehmer bei der privaten Nutzung des Internets seine Arbeitspflicht in zeitlicher und inhaltlicher Hinsicht vernachlässigt.

In einigen Unternehmen gibt es daher extra schriftliche Vereinbarungen im Arbeitsvertrag oder in einer Betriebsvereinbarung, ob, wie und in welchem Umfang das Internet privat genutzt werden darf. Dabei geht es nicht nur lediglich darum, dass Internetsurfen während der Arbeitszeit unter Umständen einen Arbeitszeitbetrug darstellt, da man ja tatsächlich gar nicht arbeitet, sondern auch um datenschutzrechtliche Erwägungen.

Wer hier auf skurrilen Seiten im Internet unterwegs ist, kann dem Unternehmen schlimmstenfalls großen Schaden durch einen Virus etc. zufügen.

Daher sollte man von einer Internetnutzung am Arbeitsplatz ohne ausdrückliche Erlaubnis die Finger lassen oder sich im Falle einer entsprechenden Vereinbarung zumindest strikt an die vorgegebenen Regeln halten.

5.2 Private E-Mails am Arbeitsplatz?

Heutzutage ist die E-Mail das moderne Kommunikationsinstrument. Daher bekommen Mitarbeiter in der Regel im Betrieb eine eigene E-Mail-Adresse zugeteilt und kommunizieren mit dieser entweder ausschließlich intern mit anderen Mitarbeitern oder auch extern z. B. mit Kunden oder Lieferanten.

Häufig wird ein betriebliches Mailpostfach jedoch auch privat genutzt. Da wird schnell mit dem Ehemann per Mail besprochen, wer heute die Kinder aus der Kita abholt oder was es heute Abend zum Essen gibt.

Eine Kommunikation wird übrigens immer als privat angesehen, wenn sie nicht dienstlich motiviert ist. So weit, so klar - aber ist die private Nutzung des betrieblichen E-Mail-Accounts überhaupt erlaubt?

Viele Unternehmen treffen hierzu eindeutige Vereinbarungen und schließen die private Nutzung des E-Mail-Postfaches generell aus.

Ist eine private Nutzung hingegen erlaubt, sollten private Mails dennoch außerhalb der Arbeitszeit verfasst werden. Denn auch hier hat eine private E-Mail nichts mit der eigentlichen Arbeit zu tun.

5.3 Darf der Arbeitgeber die E-Mail-Postfächer der Mitarbeiter kontrollieren?

Darf der Arbeitgeber auf das E-Mail-Postfach eines Mitarbeiters zugreifen? Spannende Frage, aber auf den ersten Blick nicht immer einfach zu beantworten.

Der Arbeitgeber hat häufig ein Interesse daran, zu überprüfen, ob der dienstliche E-Mail-Account missbräuchlich genutzt wird, beispielsweise durch übermäßige Privatnutzung während der Arbeitszeit oder durch eine Weitergabe von Geschäftsgeheimnissen. Im Falle eines Urlaubs- oder krankheitsbedingten Ausfalls kann es auch zwingend erforderlich sein, dass der Arbeitgeber einen prüfenden Blick ins Postfach wirft, damit dringende Mails weiterbearbeitet werden können.

Der Handlungsspielraum des Arbeitgebers bezüglich der Zulässigkeit und des Umfangs der Kontrolle von E-Mail-Postfächern hängt jedoch maßgeblich davon ab, ob im Unternehmen eine Privatnutzung gestattet wird oder eben nicht.

Der rein betriebliche E-Mail-Account

Handelt es sich um ein rein betriebliches E-Mail-Postfach, hat der Arbeitgeber grundsätzlich das Recht, Einsicht in die geschäftlichen Mails zu nehmen. Stößt er dabei trotz des Verbotes der privaten Nutzung offensichtlich auf private E-Mails, darf er diese dennoch nicht einsehen.

Aber selbst, wenn eine private Nutzung untersagt ist, darf der Arbeitgeber nicht grenzenlos das Postfach des Mitarbeiters kontrollieren Die Überwachung von dienstlichen E-Mails und Messenger-Nachrichten ist in diesem Fall zwar nicht per se verboten, aber Arbeitnehmer müssen vorab genau informiert werden, ob und in welchem Umfang sie überwacht werden können. Zudem muss der Verhältnismäßigkeitsgrundsatz gewahrt werden, mit der Folge, dass ständige und systematische, heimliche Kontrollen unverhältnismäßig und damit unzulässig sind. Ausnahmsweise ist die heimliche Überwachung eines rein dienstlichen Accounts allerdings zulässig, wenn z. B. ein konkreter Verdacht einer Gefährdung des Unternehmens oder einer Straftat besteht.

Der betrieblich – privat gemischte E-Mail-Account

Sofern der Arbeitgeber seinem Arbeitnehmer die private Nutzung des E-Mail-Accounts gestattet hat, wird es komplizierter. Hier gehen die Meinungen nämlich auch in der Juristerei auseinander. Streitpunkt ist an dieser Stelle, ob der Arbeitgeber durch die erlaubte Privatnutzung zum Telekommunikationsanbieter im Sinne von § 88 Abs. 3 Telekommunikationsgesetz (TKG) wird.

Dies hätte zur Folge, dass der Arbeitgeber das Telekommunikationsgeheimnis zu wahren hat. Eine Einsichtnahme in das Mailpostfach würde dann die ausdrückliche Einwilligung des Arbeitnehmers voraussetzen. Der Verstoß dagegen ist verboten. Arbeitgeber würden sich in diesem Fall strafbar machen.

Andere Stimmen hingegen sehen den Arbeitgeber nicht als Telekommunikationsanbieter. Daher unterliegt der Arbeitgeber dann „nur" den Regelungen des allgemeinen Datenschutzrechtes. Der Zugriff auf den privaten E-Mail-

Account ist danach nur zulässig, wenn ein berechtigtes Interesse des Arbeitgebers an der Einsichtnahme besteht, z. B. beim Verdacht einer Straftat oder wenn der Zugriff wegen längerer Abwesenheit des Mitarbeiters zwingend erforderlich ist.

Wer hier unsicher ist, was erlaubt und was nicht, sollte sich bestenfalls im Vorfeld bei seinem Arbeitgeber erkundigen.

6 Nebentätigkeiten und Wettbewerbshandlungen gegenüber dem Arbeitgeber

Darf man als Arbeitnehmer eigentlich einer Nebentätigkeit nachgehen? Eine Frage, die vielen Arbeitnehmern bekannt vorkommt und oft für Verwirrung sorgt. Die Möglichkeit, neben dem Hauptberuf eine zusätzliche Beschäftigung auszuüben, kann sowohl finanzielle als auch persönliche Vorteile bieten. Doch bevor man sich auf ein solches Unterfangen einlässt, ist es entscheidend zu verstehen, welche rechtlichen Rahmenbedingungen und Einschränkungen einzuhalten sind.

6.1 Darf der Arbeitnehmer einer Nebentätigkeit nachgehen?

Grundsätzlich kann ein Arbeitnehmer in seiner Freizeit tun und lassen, was er möchte. Ein grundsätzliches Verbot von Nebentätigkeiten im Arbeitsvertrag ist daher unzulässig. Die grundrechtlich geschützte Berufsfreiheit eines Arbeitnehmers in Art. 12 GG ist an dieser Stelle heilig.

Nebentätigkeiten müssen daher nicht generell genehmigt werden, sondern eigentlich nur dann, wenn die Interessen des Arbeitgebers beeinträchtigt werden können. Dies kann sich z. B. aus einer Unvereinbarkeit zwischen dem Haupt- und Nebenjob aufgrund der Art der Tätigkeit ergeben. Steht der Nebenjob mit dem Hauptarbeitsverhältnis nicht im Einklang, kann ein Arbeitgeber daher den Nebenjob verweigern. Eine Konkurrenztätigkeit muss der Arbeitgeber ebenfalls nicht dulden.

Beispiel:

Bekannt wurde hier die Erzieherin einer Kita der Diakonie, die nebenbei als Pornodarstellerin auf online Streaming Kanälen zu sehen war. In dem privaten Verhalten der Erzieherin sah das Landesarbeitsgericht München (LAG) eine „schwerwiegende sittliche Verfehlung“, die den Wertvorstellungen der evangelischen Kirche und der Diakonie „im Rahmen ihrer Sozialethik widerspricht“. Die Diakonie war daher zur ordentlichen Kündigung berechtigt.

Darüber hinaus darf eine Nebentätigkeit den Arbeitnehmer nicht an der Durchführung der Pflichten aus dem Hauptarbeitsvertrag hindern.

So ist es z. B. für den Arbeitgeber unbedingt von Interesse, dass die Höchstgrenzen des Arbeitszeitgesetzes eingehalten werden. Übt der Arbeitnehmer einen Hauptjob und einen Nebenjob aus, werden die Arbeitszeiten beider Arbeitsverhältnisse zusammengerechnet. Schnell ist ein Verstoß gegen

die tägliche Höchstarbeitszeit und das Arbeitszeitgesetz vorprogrammiert.
Oftmals droht auch die Nichteinhaltung der elfstündigen Ruhezeit zwischen den Arbeitstagen gemäß § 5 Abs. 1 Arbeitszeitgesetz (ArbzG) durch abendliche Nebenjobs in der Gastronomie oder Diskotheken. In solchen Fällen hat der Hauptarbeitgeber einen Anspruch darauf, dass die Nebentätigkeit zeitlich eingeschränkt wird und die Ausführung des Hauptarbeitsverhältnisses nicht behindert wird.

Unabhängig von einer etwaigen Genehmigung ist der Arbeitnehmer jedoch verpflichtet, die Nebentätigkeit vor deren Aufnahme anzuzeigen, wenn dies arbeitsvertraglich bzw. tarifvertraglich vereinbart ist oder auch hier die Interessen des Arbeitgebers berührt werden.

Nach überwiegender Auffassung ist ein Arbeitnehmer aufgrund der arbeitnehmerseitigen Rücksichtnahmepflicht nach § 241 II BGB sogar dann zur Anzeige des Nebenjobs verpflichtet, wenn keine ausdrückliche Regelung im Arbeitsvertrag dazu getroffen wurde.

Fazit:

Als Arbeitnehmer sollte man einen Nebenjob sicherheitshalber immer dem Arbeitgeber mitteilen bzw. anzeigen. Verbieten kann der Arbeitgeber diesen aber nur im Ausnahmefall.

6.2 Darf man dem Arbeitgeber Konkurrenz machen?

Davon zu unterscheiden, ist die Frage nach der Konkurrenztätigkeit.

Die Rechte und Pflichten des Arbeitnehmers richten sich hier maßgeblich danach, ob das Arbeitsverhältnis noch besteht oder bereits beendet wurde.

6.2.1 Ab zur Konkurrenz: schon während des Arbeitsverhältnisses?

Während des bestehenden Arbeitsverhältnisses ist die Sache klar. Arbeitnehmer dürfen ihrem Arbeitgeber nicht in dessen Geschäftsbereich Konkurrenz machen. Dieses Wettbewerbsverbot ist auch gesetzlich geregelt und ergibt sich aus § 60 Handelsgesetzbuch (HGB), der nach geltender Rechtsprechung auf sämtliche Arbeitsverhältnisse Anwendung findet.

Da das Gesetz dies ausdrücklich vorsieht, muss ein Wettbewerbsverbot für die Zeit des bestehenden Arbeitsverhältnisses nicht ausdrücklich im Arbeitsvertrag geregelt werden.

Ein Nebenjob bei der Konkurrenz oder eine selbstständige Tätigkeit im gleichen Geschäftszweig sind damit tabu (es sei denn, es liegt die ausdrückliche Genehmigung des

Arbeitgebers vor).

Sollte sich daher herausstellen, dass der Arbeitnehmer gegen das Wettbewerbsverbot verstößt, stellt dies nicht nur einen erheblichen Loyalitäts- und Vertrauensbruch dar, sondern wird in der Regel auch arbeitsrechtliche Konsequenzen, wie z. B. eine Kündigung oder Schadensersatzforderungen mit sich bringen.

6.2.2 Ab zur Konkurrenz: nach Beendigung des Arbeitsverhältnisses?

Anders sieht die Rechtslage jedoch nach der Beendigung des Arbeitsverhältnisses aus. Denn grundsätzlich endet mit dem Ende des Arbeitsverhältnisses die Pflicht des Arbeitnehmenden gegenüber seinem bisherigen Arbeitgeber Wettbewerb zu unterlassen - egal ob in einem Angestelltenverhältnis oder auf selbständiger Basis. In der Praxis heißt dies, dass der Arbeitnehmer nach der Beendigung des Arbeitsverhältnisses unproblematisch bei der direkten Konkurrenz anfangen kann zu arbeiten und seine bislang erworbenen Fähigkeiten und Kenntnisse einsetzen darf.

Hat der Arbeitgeber dennoch ein Interesse daran, die wirtschaftliche Betätigung des Mitarbeiters im Konkurrenzbereich auch für die Zeit nach der Beendigung des Arbeitsverhältnisses für eine bestimmte Dauer auszuschließen, müssen beide Vertragsparteien im Arbeitsvertrag ein nachvertragliches Wettbewerbsverbot gemäß §§ 74 HGB ff. vereinbaren.

Die Motivation für Arbeitgeber, ein solches nachvertragliches Wettbewerbsverbot zu vereinbaren, ist einfach und nachvollziehbar. Der Mitarbeiter hat sich in der Regel über die Jahre hinweg fachliches Knowhow angeeignet, kennt die exakten Betriebsstrukturen und hat unter Umständen eine enge Bindung zu bestehenden Kunden aufgebaut.

Die Angst des Arbeitgebers, dass ein Mitarbeiter mit diesem Gesamtpaket zur Konkurrenz abwandert, ist daher häufig berechtigt.

Auf der anderen Seite ist die Interessenlage des Arbeitnehmers zu berücksichtigen. Für einen Arbeitnehmer ist ein nachvertragliches Wettbewerbsverbot eine nicht unerhebliche Einschränkung in seiner Berufsfreiheit.

Daher unterliegt ein nachvertragliches Wettbewerbsverbot strengen Voraussetzungen:

- Der Arbeitgeber muss ein berechtigtes, geschäftliches Interesse an dem nachvertraglichen Wettbewerbsverbot haben, da er befürchtet, dass ein Arbeitnehmer in seinen bestehenden Kundenkreis eindringt oder Geschäftsgeheimnisse an die Konkurrenz weitergibt.
- Das nachvertragliche Wettbewerbsverbot unterliegt der Schriftform (eigenhändige Unterschrift erforderlich).

- Es darf nicht zu weitreichend sein und muss bezüglich Zeit, örtlicher Beschränkung und Inhalt angemessen sein.
- Es darf für maximal 2 Jahre nach dem Ende des Arbeitsverhältnisses abgeschlossen werden.
- Der Arbeitgeber muss eine Karenzentschädigung an den Arbeitnehmer als Kompensation für das Wettbewerbsverbot zahlen.

Höhe der Karenzentschädigung:

Die Zahlung einer Karenzentschädigung ist häufig die Voraussetzung, die eine Wettbewerbsklausel im Arbeitsvertrag letztlich zu Fall bringt. Arbeitgeber versuchen es nämlich immer wieder, ein Wettbewerbsverbot entweder ohne oder mit einer zu niedrigen Zahlung einer Karenzent-schädigung zu vereinbaren.

Wer als Arbeitgeber ein wirksames nachvertragliches Wettbewerbsverbot vereinbaren möchte, muss sich bei der Höhe der Karenzentschädigung strikt an die Vorgaben des § 74 Abs. 2 HGB halten. Danach ist für die Dauer des Verbotes eine Karenzentschädigung zu zahlen, die für jedes Jahr des Verbots mindestens die Hälfte der zuletzt bezogenen Leistungen entspricht.

Ohne die Zusage einer Karenzentschädigung ist ein nachvertragliches Wettbewerbsverbot nichtig und damit endgültig vom Tisch.

Entspricht die zugesagte Karenzentschädigung hingegen „nur" nicht der gesetzlich vorgeschriebenen Mindesthöhe, ist das nachvertragliche Wettbewerbsverbot unverbindlich. In diesem Fall kann der Arbeitnehmer entscheiden, ob er sich an das Wettbewerbsverbot gebunden fühlt oder nicht.

Wer als Arbeitnehmer eine solche Klausel in seinem Arbeitsvertrag entdeckt, ist gut beraten, diese prüfen zu lassen. Da solche Klauseln auch oft mit hohen Vertragsstrafen für den Fall des Verstoßes kombiniert werden, sollte hier Klarheit geschaffen werden.

2

Mittendrin im Arbeitsverhältnis

In diesem Kapitel widmen wir uns den häufigsten Fragestellungen, die während eines bestehenden Arbeitsverhältnisses auftreten können. Egal ob es um Arbeitszeiten, Gehalt oder Urlaubsansprüche geht, es gibt viele Aspekte im Arbeitsalltag, die oft Fragen aufwerfen und Unsicherheiten hinterlassen.

7 Immer Ärger um die Arbeitszeit

Wir starten mit dem Thema Arbeitszeit. Egal ob Sie in Vollzeit, Teilzeit oder sogar im Schichtbetrieb arbeiten, das Thema Arbeitszeit ist für alle Arbeitnehmer von Bedeutung. Wissen Sie eigentlich, wie lange Sie am Tag nach den gesetzlichen Vorschriften arbeiten dürfen und ob Sie verpflichtet sind, eine Pause einzuhalten?

Lassen Sie uns der Sache gemeinsam auf den Grund gehen.

Starten wir zunächst einmal mit den Basics.

7.1 Arbeitgeber müssen Arbeitszeiten erfassen

Die Pflicht zur Erfassung der Arbeitszeiten beschäftigt Personalverantwortliche bereits seit dem Jahr 2022. Mit Beschluss vom 13. September 2022 (Az. 1 ABR 22/21) hat das Bundesarbeitsgericht (BAG) entschieden, dass Arbeitgeber in Deutschland dazu verpflichtet sind, die gesamte Arbeitszeit von Arbeitnehmerinnen und Arbeitnehmern aufzuzeichnen. Arbeitgebende sind im Rahmen einer unionsrechtskonformen Auslegung von § 3 Abs. 2 Nr. 1 des Arbeitsschutzgesetzes (ArbSchG) dazu verpflichtet, ein System einzuführen, mit dem Beginn, Ende und Dauer der täglichen Arbeitszeit einschließlich der Überstunden erfasst werden können.

Die Nachricht hat eingeschlagen wie eine Bombe.

Die Pflicht zur Zeiterfassung kannten wir Arbeitsrechtler bislang nur vereinzelt. So z. B. in vereinzelten Branchen, bei der Mehrarbeit (die tägliche Arbeitszeit, die über acht Stunden hinausgeht) oder beim Arbeiten an Sonn- und Feiertagen.

Nunmehr gilt die Pflicht zur Zeiterfassung jedoch für alle Unternehmen, unabhängig von der jeweiligen Branche, egal ob Kleinbetrieb oder nicht.

Offen gelassen hatte das Bundesarbeitsgericht in seinem damaligen Beschluss, in welcher Art und Weise Arbeitszeiten im Detail erfasst werden müssen. Dies sollte Aufgabe des Gesetzgebers bleiben und wir warten bis heute auf eine Antwort.

Ein vom Bundesarbeitsministerium im April 2023 vorgelegter Referentenentwurf zur Neufassung des Arbeitszeitgesetzes befindet sich weiter in der Abstimmung und wurde bislang nicht umgesetzt. Dieser sah unter anderem für größere Betriebe mit mehr als 10 Mitarbeitern die Pflicht zur elektronischen Zeiterfassung vor.

Vergeblich hatten Arbeitgeber und Personalverantwortliche auf die Finalisierung und Anpassung des Arbeitszeitgesetzes gewartet, um die erforderliche Klarheit in der Praxis zu erhalten. Bislang haben sich keine gesetzlichen Neuerungen ergeben (Stand April 2024). Dies hat in der Praxis zur Folge, dass Unternehmen zwar grundsätzlich zur Zeiterfassung verpflichtet sind, die Art und Weise der Zeiterfassung, ob digital oder analog, Ihnen aber selbst überlassen ist.

Insofern blicken wir gespannt in die Zukunft, welche Regelungen auf Arbeitgeber zukommen werden.

7.2 Was passiert, wenn Arbeitgeber keine Zeiten erfassen?

Derzeit wird die Pflicht zur generellen Zeiterfassung aus § 3 des Arbeitsschutzgesetzes abgeleitet.

Ein Verstoß hiergegen ist aktuell noch nicht unmittelbar bußgeldbewehrt. Wird jedoch gegen den Arbeitgeber eine vollziehbare Anordnung der zuständigen Arbeitsschutzbehörde erlassen und verstößt er gegen diese, kann er dadurch eine Ordnungswidrigkeit begehen. In diesem Fall können hohe Bußgelder die Folge sein. Es bedarf daher noch eines weiteren Umsetzungsaktes durch die Behörde und es gilt keine sofortige Bußgeldpflicht.

Der oben benannte Referentenentwurf gestaltet die Rechtsfolgen bei einem Verstoß des Arbeitgebers durchaus „sportlicher." Dieser sieht nämlich vor, dass bei einem Verstoß gegen die Pflicht zur Zeiterfassung ohne weiteren Umsetzungsakt sofortige Bußgelder drohen.

7.3 Wann beginnt eigentlich die Arbeitszeit?

Grundsätzlich beginnt die Arbeitszeit bereits in dem Moment, ab dem der Arbeitnehmer seine Arbeit verrichtet. Allerdings können sogenannte Rüstzeiten, also Vorbereitungszeiten, die der Arbeitnehmer benötigt, um seine Arbeit überhaupt verrichten zu können, den Zeitpunkt nach vorne verlagern.

Klassisches Beispiel:
Arbeitet der Mitarbeiter mithilfe eines Computers, beginnt die Arbeitszeit streng genommen bereits mit dem Drücken des Startknopfes des Computers.

Umkleidezeiten

Komplizierter wird es bei Umkleidezeiten. Umkleidezeiten zählen immer dann zur Arbeitszeit, wenn der Arbeitgeber

» das Tragen einer bestimmten Kleidung am Arbeitsplatz vorschreibt und diese Arbeitskleidung zwingend im Betrieb angelegt werden muss (z. B. aus Hygienevorschriften).

» oder wenn die Kleidung besonders auffällig ist und der Arbeitnehmer sie deshalb im Betrieb anziehen muss.

Entscheidend ist dabei, dass das Umkleiden einem fremden Bedürfnis, mithin dem des Arbeitgebers, dient. Zusammengefasst kann man sagen: Je auffälliger die Dienstkleidung ist, desto größer ist die Wahrscheinlichkeit, dass der Arbeitgeber die Umkleidezeit vergüten muss.

Hier sehen Arbeitsverträge, Tarifverträge und Betriebsvereinbarungen je nach individueller Gestaltung für Umkleidezeiten oftmals auch pauschale Vergütungen vor. Diese belaufen sich in den meisten Fällen auf 5-10 Minuten.

Wegezeit

Die tägliche An- und Abreise zur Arbeit zählt hingegen nicht zur Arbeitszeit, da diese zum Privatbereich des Mitarbeiters gehört. Wir sprechen hier im Arbeitsrecht von der sogenannten Wegezeit. Diese fällt in den Verantwortungsbereich des Mitarbeiters. Anders ist der Fall zu beurteilen, wenn ein Arbeitnehmer keinen festen Arbeitsort hat und bspw. regulär aus dem Homeoffice arbeitet. Dies ist z. B. häufig bei Außendienstmitarbeitern der Fall. Hier stellt der Weg zwischen dem Wohnort und dem Standort des ersten und letzten Kunden ausnahmsweise bereits Arbeitszeit dar.

7.4 Wie lange darf man als Arbeitnehmer eigentlich am Tag arbeiten?

Gemäß § 3 Arbeitszeitgesetz (ArbZG) darf die tägliche Arbeitszeit grundsätzlich bis zu acht Stunden betragen. Sie kann auf bis zu maximal 10 Stunden pro Tag erhöht werden. Diese Überschreitung ist jedoch als Ausnahme anzusehen und sollte nicht die Regel sein. Innerhalb von sechs Monaten oder 24 Wochen muss die durchschnittliche werktägliche Arbeitszeit nämlich dennoch bei 8 Stunden liegen. Insofern muss diese „Mehrarbeit" über einen längeren Zeitraum wieder ausgeglichen werden.

Nach 10 Stunden täglicher Arbeit ist jedoch grundsätzlich Schluss.

Ausnahmen können gemäß § 7 Arbeitszeitgesetz (ArbZG) in einem Tarifvertrag oder aufgrund eines Tarifvertrages in einer Betriebs- oder Dienstvereinbarung getroffen werden. Danach ist es z. B. erlaubt, mehr als 10 Stunden täglich zu arbeiten, wenn ein wesentlicher Teil der Arbeitszeit regelmäßig aus Bereitschaftsdienst besteht.

Solche Regelungen kommen naturgemäß häufig im Betreuungs- und Pflegesektor in Betracht, bei denen im Rahmen eines Schichtsystems eine Rund-um-die-Uhr-Betreuung gewährleistet werden muss.

Da das Arbeitszeitgesetz von sechs Werktagen ausgeht (Montag bis Samstag), dürfen pro Woche daher 6 Tage zu je 8 Stunden, also insgesamt 48 Stunden, gearbeitet werden. Wie eingangs erwähnt, dürfen ausnahmsweise auch mal 10 Stunden pro Tag und damit 60 Stunden pro Woche gearbeitet werden. Diese Höchstarbeitszeit gilt jedoch nur, wenn ein entsprechender Ausgleich geschaffen wird.

Verstößt der Arbeitgeber gegen die Vorschriften des

Arbeitszeitgesetzes, insbesondere gegen die Regelungen zur werktäglichen Höchstarbeitszeit und Ruhepausen und -zeiten, handelt er ordnungswidrig. Die Folge können hohe Bußgelder sein.

7.5 Muss man als Arbeitnehmer zwingend eine Pause machen?

Wenn wir schon beim Thema Pause sind, stellt sich hier die Frage, ob eine Pause wirklich Pflicht ist.

Das Arbeitszeitgesetz stellt in § 4 Arbeitszeitgesetz (ArbZG) zum Schutz eines Arbeitnehmers klare Vorgaben auf, wie lange eine Pause mindestens zu sein hat.

Die gesetzlich vorgeschriebene Mindestdauer einer Ruhepause ist grundsätzlich abhängig von der Dauer der täglichen Arbeitszeit. Bei einer Arbeitszeit von mehr als sechs und bis zu neun Stunden, ist eine Pause von 30 Minuten vorgesehen. Arbeitet der Mitarbeiter im Ausnahmefall mehr als neun Stunden, müssen sogar 45 Minuten Pause eingehalten werden.

Die Ruhepause darf dabei in Zeitabschnitte von jeweils mindestens 15 Minuten aufgeteilt werden. Abweichende Regelungen können auf Grundlage eines Tarifvertrags getroffen werden.

Beispiel:

Frau Müller beginnt ihre Arbeit, wie jeden Tag, um 08.00 Uhr. Um 12 Uhr unterbricht Sie ihre Arbeit und macht eine 30-minütige Pause. In den Feierabend kann sie um 16.30 Uhr starten. An diesem Arbeitstag werden Ihrem Arbeitszeitkonto damit 8 Stunden gutgeschrieben.

Da eine Ruhepause gesetzlich vorgeschrieben ist, darf auf eine Pause auch nicht verzichtet werden.

Wichtiger Hinweis:

Wer sich eben noch dachte: Prima, ich häng die Pause einfach ans Ende des Arbeitstages und gehe dafür früher nach Hause, ist leider auf dem Holzweg. Eine Pause dient dem Erholungszweck und ist ab einer gewissen Länge der Arbeitszeit zwingend einzuhalten. Im obigen Beispiel könnte Frau Müller daher nicht einfach auf ihre Pause verzichten. Arbeitgeber sind dazu verpflichtet, eine Pause zu gewähren und die Einhaltung der Pausen auch zu kontrollieren.

7.6 Wieviel Ruhezeit muss zwischen zwei Arbeitstagen liegen?

Ruhezeit ist die Zeit, die Arbeitnehmende zwischen den einzelnen Arbeitstagen haben sollen, um sich zu erholen.

Zwischen dem Ende einer täglichen Arbeitszeit und dem Beginn einer neuen täglichen Arbeitszeit müssen gemäß § 5 Arbeitszeitgesetz daher mindestens 11 Stunden ununterbrochene Ruhezeit liegen.

In einigen Branchen kann die gesetzlich vorgeschriebene Ruhezeit um bis zu eine Stunde auf zehn Stunden verkürzt werden. Möglich ist dies beispielsweise in Krankenhäusern und anderen Einrichtungen, in denen Menschen behandelt, gepflegt und betreut werden, in Gaststätten und anderen Einrichtungen zur Bewirtung und Beherbergung, in Verkehrsbetrieben, beim Rundfunk, in der Landwirtschaft und in der Tierhaltung.

Eine Verkürzung der Ruhezeit muss jedoch innerhalb eines Kalendermonats oder innerhalb von 4 Wochen durch Verlängerung einer anderen Ruhezeit auf mindestens 12 Stunden wieder ausgeglichen werden.

7.7 Darf man während der Arbeitszeit Arzttermine wahrnehmen?

Eigentlich sind Arzttermine eine private Angelegenheit des

Mitarbeiters. Daher sollten diese nach Möglichkeit außerhalb der Arbeitszeit wahrgenommen werden.

Bei Arbeitnehmern, die flexible Arbeitszeiten haben, ist dies in der Regel auch kein Problem.

Die entscheidende Frage, ob Arbeitnehmende während der Arbeitszeit zum Arzt dürfen, hängt davon ab, ob der Arztbesuch tatsächlich zwingend notwendig ist.

Dies dürfte zum einen natürlich der Fall sein, wenn der Mitarbeiter während der Arbeitszeit akut krank wird und auf eine ärztliche Versorgung angewiesen ist. Klare Sache: Hier darf der Arbeitnehmer zum Arzt gehen. Er ist damit offiziell arbeitsunfähig und fällt regulär in die Entgeltfortzahlung.

Bei allgemeinen Routinechecks oder Vorsorgeuntersuchungen ohne akute Beschwerden sieht die Rechtslage allerdings anders aus. Arbeitgeber argumentieren in diesen Fällen häufig zu Recht damit, dass solche Termine auch unproblematisch außerhalb der regulären Arbeitszeiten wahrgenommen werden können.

Wer schon mal beim Arzt war, weiß jedoch, dass die Auswahl an möglichen Terminen gerade bei Fachärzten häufig sehr eingeschränkt ist.

Daher dürfen Arzttermine immer dann während der Arbeitszeit wahrgenommen werden, wenn keine anderen freien

Termine außerhalb der Arbeitszeit verfügbar sind oder spezielle Untersuchungen anstehen, die nur zu bestimmten Zeiten wahrgenommen werden können, wie z. B. bei einer Blutuntersuchung in den frühen Morgenstunden oder bei Fachärzten. Zudem muss der Termin unbedingt erforderlich sein.

In diesen Fällen muss der Vorgesetzte den Mitarbeitern nicht nur für die Wahrnehmung des Termins freistellen, sondern auch das Entgelt weiterzahlen. Hier können Tarif- oder Arbeitsverträge allerdings anderweitige Regelungen vorsehen. Daher muss eine Zahlungspflicht stets im Einzelfall geprüft werden.

Kommt es mit dem Arbeitgeber deswegen zum Streit, müsste der Arbeitnehmer beweisen, dass der Termin nicht außerhalb der Arbeitszeit hätte wahrgenommen werden können. Dies dürfte für den Arbeitnehmer bei flexiblen Arbeitszeiten schwierig werden, da er ja unproblematisch seine Arbeitszeit zu einem anderen Zeitpunkt verrichten kann.

Auch hier gilt die Devise: Klären Sie einen dringenden Arzttermin mit Ihrem Arbeitgeber im Vorfeld ab und bitten darum, diesen wahrnehmen zu dürfen.

8 Das brisante Thema Überstunden

Es gibt selten Themen, die so viel Zündstoff liefern wie das Thema Überstunden. Sehen wir der Realität ins Auge: Wer als Arbeitnehmer ausnahmsweise mal eine Überstunde leistet, wird damit in den seltensten Fällen ein Problem haben.

Kritisch wird es jedoch, wenn Überstunden zur Tagesordnung werden und keine finanzielle Kompensation erfolgt. Von der mangelnden persönlichen Wertschätzung einmal ganz abgesehen. Daher wird es Zeit, dass wir uns den wichtigsten Fragen zum Thema Überstunden widmen.

8.1 Sind Überstunden überhaupt Pflicht?

Grundsätzlich darf der Arbeitgeber Überstunden nur abverlangen, wenn die Möglichkeit zur Anordnung von Überstunden arbeitsvertraglich geregelt ist. Der Arbeitgeber muss sich die Möglichkeit der Überstunden daher ausdrücklich im Arbeitsvertrag vorbehalten. Ist dies der Fall, ist ein Arbeitnehmer auch grundsätzlich dazu verpflichtet, Überstunden zu leisten.

Beinhaltet der Arbeitsvertrag keine derartige Legitimation, muss sich jeder Arbeitnehmer selbst die Frage beantworten, ob er sich hier querstellen will oder lieber nicht. Hier dürfte es wieder darauf ankommen, ob Überstunden die Regel oder die Ausnahme sind.

Selbst wenn der Arbeitgeber sich das Recht zur Anordnung von Überstunden vorbehalten hat, heißt das jedoch noch lange nicht, dass der Arbeitnehmer Überstunden willkürlich ausgesetzt ist. Bei der Anordnung von Überstunden muss der Arbeitgeber nämlich schützenswerte Interessen des Arbeitnehmers berücksichtigen, wie z. B. familiäre Angelegenheiten. An dieser Stelle gilt es, beide Interessen in einen angemessenen Einklang zu bringen. Schießt der Arbeitgeber bei dem Ausmaß der Überstunden über das Ziel hinaus, dürfte die Anordnung unverhältnismäßig und damit unwirksam sein.

Ausnahme:

Ausnahmsweise darf der Arbeitgeber Überstunden ohne arbeitsvertragliche Grundlage verlangen, wenn eine absolute Ausnahmesituation vorliegt. Darunter fallen außergewöhnliche, nicht vorhersehbare Notfälle. Hierzu zählen ein Brand im Betrieb oder die Fertigstellung eines Auftrages, der andernfalls das „Aus" des Unternehmens bedeuten würde. Man merkt schon an der Aufzählung der Beispiele, dass es sich hier um absolute Härtefälle handeln muss.

In solchen Fällen können Überstunden des Mitarbeiters erforderlich sein, um kurzfristig Gefahren für den Betrieb abzuwenden oder die Existenz des Betriebes zu schützen. Hier darf man als Arbeitgeber erwarten, dass jeder Mitarbeiter „mit anpackt“. Betriebliche Engpässe oder ein dringender Auftrag, der gerade noch reingeflattert ist, reichen für einen Notfall in der Regel jedoch nicht aus.

Darf der Arbeitgeber Überstunden einseitig anordnen, muss er jedoch zwingend die Höchstgrenzen des Arbeitszeitgesetzes einhalten. Wie wir bereits gesehen haben, darf die werktägliche Arbeitszeit acht Stunden nicht überschreiten. Sie kann auf bis zu zehn Stunden nur verlängert werden, wenn innerhalb von sechs Kalendermonaten oder innerhalb von 24 Wochen im Durchschnitt acht Stunden werktäglich nicht überschritten werden (siehe dazu auch 7.4 „Wie lange darf man als Arbeitnehmer eigentlich am Tag arbeiten?“). Oberhalb dieser Grenzen ist grundsätzlich Schluss. Ausnahmen können nur in bestimmten Branchen gelten.

8.2 Überstunden „all-inclusive“ oder mit Extra-Bezahlung?

Wer hat in seinem Arbeitsvertrag schon mal eine sogenannte „All-inclusive-Klausel“ entdeckt? Wie der Name sagt, zielt eine solche Klausel darauf ab, dass sämtliche Überstunden mit dem Gehalt abgegolten sind. Machen wir dazu mal ein kleines Beispiel:

Beispiel:

Herr A. hat von seinem potenziellen neuen Arbeitgeber endlich den Entwurf des Arbeitsvertrages erhalten. Gespannt sieht er aufmerksam Seite für Seite durch. Unter Ziffer 2 entdeckt er schließlich eine Klausel zur Vergütung.

Dort steht: „Für seine Tätigkeit erhält der Arbeitnehmer eine monatliche Vergütung in Höhe von 2.500,00 € brutto."

„Prima" denkt sich Herr A., „genau wie besprochen" und schaut sich die anderen Klauseln im Arbeitsvertrag an. Ein paar Absätze weiter unten wird er jedoch stutzig. Dort findet er eine weitere Klausel, die wie folgt lautet:

„Der Arbeitgeber behält sich vor, Überstunden anzuordnen. Sämtliche Überstunden sind mit der monatlichen Vergütung abgegolten."

Das kommt Herrn A. komisch vor.

Frage:

Was bedeutet diese Klausel und ist sie zulässig?

Pauschale Abgeltungsklauseln für Überstunden kommen tatsächlich gar nicht so selten in Arbeitsverträgen vor. Zu Recht ist Herr A bei der Klausel stutzig geworden.

Führen wir uns mal kurz vor Augen, was so eine Klausel in der Praxis bedeutet: Herr A. bekommt immer das gleiche Gehalt. Egal ob er für sein monatliches Gehalt von 2.500,00 € brutto 40 Stunden oder 50 Stunden arbeitet.

Dass das nicht sein kann, leuchtet ein. Daher gibt es zu dem Thema der pauschalen Überstundenabgeltung auch eine gefestigte Rechtsprechung.

Lösung:

Da die pauschale Abgeltung von Überstunden zu einer offensichtlichen Benachteiligung des Mitarbeiters führt, werden pauschale Abgeltungsklauseln nach ständiger Rechtsprechung als unwirksam erachtet. Dies hat zur Folge, dass Überstunden regulär vergütet oder in Freizeit ausgeglichen werden müssen.

Einigkeit besteht darüber, dass ein Arbeitnehmer im Vorfeld wissen muss, wie viele Stunden er für sein Gehalt arbeiten muss. Daher sieht es die Rechtsprechung allerdings als zulässig an, wenn der Arbeitgeber, die vom Gehalt mit umfassten Überstunden im Vorfeld arbeitsvertraglich auf ein angemessenes Maß beschränkt (z.B. 10 % der wöchentlichen Arbeitszeit ist mit dem Gehalt abgegolten). Eine All-inclusive Regelung, wohingegen sämtliche Überstunden pauschal abgegolten sind, ist jedoch grundsätzlich unzulässig.

Ausnahme:

Eine Ausnahme gilt bei Diensten höherer Art, wie z. B. Ärzten, Lehrern oder Rechtsanwälten oder einem Gehalt, das über der Beitragsbemessungsgrenze zur gesetzlichen Rentenversicherung (ca. 87.600,00 € im Westen und ca. 85.200,00 € im Osten) liegt. In solchen Fällen geht die Rechtsprechung davon aus, dass es dem Mitarbeiter aufgrund seines guten Verdienstes zumutbar ist, Überstunden zu leisten, ohne diese zusätzlich bezahlt zu bekommen. In diesem Fall kann eine zusätzliche Bezahlung von Überstunden ausgeschlossen werden - sonst jedoch nicht.

Mein Fazit:

Wer kurz davor ist, einen Arbeitsvertrag zu unterschreiben, sollte diesen immer ganz genau unter die Lupe nehmen. Arbeitgeber versuchen häufig, pauschale Abgeltungsklauseln in Arbeitsverträge „hinein zu mogeln“, obwohl sie sehr genau wissen, dass diese im Ernstfall keinen Bestand haben. Getreu dem Motto: *„Man kann es ja mal versuchen. Vielleicht lässt sich der Arbeitnehmer ja darauf ein.“* Aus meiner Sicht tun sich Arbeitgeber damit oftmals selbst keinen Gefallen. Für viele Arbeitnehmer wirken solche Klauseln abschreckend, denn wer eins und eins zusammenzählt, wird sich vorstellen können, dass Überstunden in der Zukunft keine Seltenheit sein werden. Daher verliert man als Arbeitgeber möglicherweise potenzielle gute Kandidaten bereits im Bewerbungsprozess.

8.3 Wann sind Überstunden eigentlich zulässig?

In der Praxis fallen Überstunden in der Regel an, wenn ein außergewöhnlich hoher Arbeitsanfall besteht. Nun ist es aber so, dass Arbeitnehmer streng genommen auch nicht selbst entscheiden sollen, wann sie Überstunden leisten. Dies führt nämlich schlimmstenfalls dazu, dass Mitarbeiter Überstunden hamstern, um sie an einem anderen Tag auszugleichen oder vergütet zu bekommen, obwohl diese gar nicht notwendig gewesen wären.

Daher hat die Rechtsprechung Grundsätze aufgestellt, unter welchen Bedingungen Überstunden ordnungsgemäß angefallen und zu vergüten sind:

- » Der Arbeitgeber hat die Überstunden klar und deutlich angeordnet.
- » Der Arbeitnehmer macht die Überstunden in Kenntnis des Arbeitgebers und der duldet diese bzw. hat diese genehmigt.
- » Der Arbeitgeber weist dem Arbeitnehmer so viel Arbeit zu, dass diese realistischerweise nicht in der regulären Arbeitszeit zu erledigen ist und Überstunden daher zwangsläufig anfallen,

Wie so oft kommt es hier darauf an, wer was beweisen kann.

Denn grundsätzlich muss der Arbeitnehmer beweisen, dass Überstunden angeordnet, genehmigt wurden oder zumindest notwendig waren. Diese Hürde zu nehmen, ist nicht immer einfach. Daher sind Überstunden-Prozesse entsprechend zäh und als Arbeitnehmer nicht einfach zu gewinnen.

Anders sieht die Rechtslage aus, wenn Überstunden auf einem Arbeitszeitkonto dokumentiert werden. Denn dieses erweckt zumindest dem ersten Anschein nach, dass die Überstunden auch dementsprechend angefallen sind. Daher müssen wir zunächst einmal klären, was ein Arbeitszeitkonto eigentlich ist.

8.4 Was ist ein Arbeitszeitkonto?

Arbeitszeitkonten werden häufig bei flexiblen Arbeitszeitmodellen eingesetzt. Insbesondere wenn es keine festen Arbeitszeiten gibt und z. B. in Gleitzeit gearbeitet wird, wird die Arbeitszeit des Mitarbeiters mit Hilfe eines Arbeitszeitkontos des Mitarbeiters dokumentiert.

Ein Arbeitszeitkonto kann man sich wie eine Art Sparbuch vorstellen. Dort werden sämtliche Arbeitsstunden des Mitarbeiters und gleichzeitig Plus- und Minusstunden saldiert. Arbeitet der Mitarbeiter mehr als die vertraglich vorgesehene Arbeitszeit, entstehen ggf. Plusstunden bzw. Überstunden.

Hat der Arbeitnehmer weniger als die vertraglich

vorgesehene Arbeitszeit gearbeitet, entsteht auf dem Arbeitszeitkonto ein Stundendefizit / Minusstunde.

Ob es sich in der Praxis tatsächlich um eine Überstunde oder Minusstunde handelt, ist auf den ersten Blick nicht immer sofort zu erkennen. Arbeitgeber sollten daher regelmäßig die Zeitkonten ihrer Mitarbeiter überwachen und gegebenenfalls Rückfragen stellen, wenn ihnen die Arbeitszeiten ihrer Mitarbeiter unerklärlich sind.

Handelt es sich wirklich um eine Minusstunde?

Ob es sich in der Praxis tatsächlich um eine Minusstunde handelt, ist oft für beide Arbeitsvertragsparteien unklar.

An dieser Stelle muss nämlich klar differenziert werden, wer für die Minusstunde verantwortlich ist. Minusstunden können streng genommen auch nur bei der Vereinbarung eines Arbeitszeitkontos mit entsprechenden Regelungen entstehen.

Halten wir dies kurz fest.

Gibt es kein Arbeitszeitkonto und eine diesbezügliche Vereinbarung, muss der Arbeitnehmer streng genommen immer die gleiche Arbeitszeit ableisten. Hier gibt es grundsätzlich keinen flexiblen Spielraum und daher auch keine Minusstunde.

Beispiel:

Frau Müller verfügt über ein Arbeitszeitkonto im Betrieb und bittet ihren Arbeitgeber darum, dass sie heute drei Stunden früher nach Hause gehen kann, da ein 60. Geburtstag in der Familie ansteht. Der Arbeitgeber willigt ein.

Lösung:

Im Beispiel von Frau Müller handelt es sich um klassische Minusstunden, denn Frau Müller ist verantwortlich für die Minusstunden. Sie hat ihre Arbeit früher, als vertraglich vorgesehen, beendet. Die Gründe für den vorzeitigen Feierabend stammen aus ihrer eigenen Sphäre. Insofern entstehen Frau Müller an diesem Tag drei Minusstunden. Verfügt Sie in Ihrem Arbeitszeitkonto über Überstunden, werden die Minusstunden automatisch mit etwaigen Überstunden verrechnet.

Ist es auch eine Minusstunde, wenn der Arbeitgeber einen Mitarbeiter nach Hause schickt?

Jetzt mal ein anderes Beispiel:

Im Betrieb B herrscht seit einem halben Jahr Flaute. Irgendwie kommt kaum ein neuer Auftrag rein und generell sind die

Mitarbeiter arbeitstechnisch nicht voll ausgelastet. Daher sagt Arbeitgeber A am Mittwoch zu Frau Müller, dass Sie heute 4 Stunden früher nach Hause gehen darf, da ohnehin nichts zu tun sei.

Wo liegt das Problem?

Als Frau Müller am nächsten Tag wieder im Betrieb ist, erfährt sie, dass ihr für den Mittwoch 4 Minusstunden zugeteilt wurden bzw. ihr diese gleich von den vorhandenen Überstunden abgezogen wurden. Das hat sich Frau Müller anders vorgestellt. Schließlich kann Sie ja auch nichts dafür, wenn ihr keine Arbeit zugeteilt wird.

Bei diesem Beispiel wird abermals deutlich, dass es immer darauf ankommt, wer für Minusstunden verantwortlich ist. Schickt der Arbeitgeber daher Mitarbeiter einfach nach Hause, gerät er in grundsätzlich mit der Leistung in Annahmeverzug, denn es gehört zu seinem Betriebsrisiko, Mitarbeitern ausreichend Arbeit zuzuweisen.

Gibt es weder eine andere Absprache zwischen den Parteien, noch Überstunden, die vereinbarungsgemäß abgebaut werden sollen, darf der Arbeitgeber in solchen Situationen keine Minusstunden erfassen. Der Mitarbeiter ist nicht zur Nacharbeit verpflichtet.

Verfügt der Mitarbeiter allerdings ohnehin über Überstunden im Arbeitszeitkonto, kann der Arbeitgeber den Abbau der Überstunden über sein Weisungsrecht anordnen. In diesem Fall würden sich die bereits bestehenden Überstunden dann reduzieren.

9 Teilzeitarbeit

In diesem Abschnitt widmen wir uns einer Frage, die für viele Beschäftigte von großer Bedeutung ist: Ist es möglich, in Teilzeit zu arbeiten? Die Möglichkeit, die Arbeitszeit zu reduzieren und dadurch mehr Flexibilität zu gewinnen, ist für viele Arbeitnehmer ein wichtiger Aspekt, um Beruf und Privatleben in Einklang zu bringen.

9.1 Recht auf Teilzeit- Wann besteht ein Anspruch auf Teilzeitarbeit?

Im Teilzeit- und Befristungsgesetz (TzBfG) ist geregelt, dass Arbeitgeber ihren Mitarbeitern unter bestimmten Voraussetzungen die Reduzierung der Arbeitszeit ermöglichen müssen - sofern nicht dringende betriebliche Gründe dagegensprechen.

§

Nun jedoch zu den Voraussetzungen für einen Anspruch auf Teilzeit:

§ 8 Teilzeit- und Befristungsgesetz (TzBfG) sieht vor, dass für jeden Arbeitnehmenden die Möglichkeit besteht, die Arbeitszeit zu verringern. Voraussetzung hierfür ist, dass:

» das Arbeitsverhältnis bereits seit sechs Monaten besteht.

» das Unternehmen mehr als 15 Mitarbeitende beschäftigt.

» Beschäftigte ihren Wunsch, die Wochenarbeitszeit zu verringern, den gewünschten Umfang sowie die Verteilung spätestens drei Monate vor deren Beginn geltend machen. Das muss in Textform erfolgen, also z. B. auch per E-Mail.

9.2 Kann der Antrag auf Teilzeit abgelehnt werden?

Theoretisch ja, kommt in der Praxis jedoch fast nie vor. Der Arbeitgeber „soll" der Verringerung der Arbeitszeit nach dem Gesetz grundsätzlich zustimmen und diese entsprechend den Wünschen der Beschäftigten festlegen - soweit betriebliche Gründe dem nicht entgegenstehen. Solche Gründe können insbesondere dann vorliegen, wenn:

» die Organisation im Unternehmen dadurch wesentlich beeinträchtigt wird.

» die Arbeitsabläufe gestört werden.

» die Sicherheit im Betrieb vermindert wird.

» unverhältnismäßig hohe Kosten für den Arbeitgeber entstehen.

Die Ablehnungsgründe sind nicht abschließend und müssen stets im Einzelfall geprüft werden.

In der Praxis kenne ich ehrlicherweise keinen einzigen Fall, bei dem ein Arbeitgeber den Antrag auf Teilzeit anhand von soliden Gründen ablehnen konnte. Je größer ein Unternehmen ist, desto höher ist der Argumentationsaufwand für den Arbeitgeber, warum ein Arbeiten in Teilzeit organisatorisch nicht umsetzbar wäre.

Lehnt der Arbeitgeber den Wunsch nach Teilzeit dennoch bis spätestens einen Monat vor Beginn der gewünschten Veränderung schriftlich mit dem Hinweis auf betriebliche Gründe ab, tritt die Verringerung der Arbeitszeit zunächst nicht in Kraft. Im Fall einer solchen Ablehnung bleibt dem Arbeitnehmer dann nur der Gang zum Arbeitsgericht.

Bleibt der Arbeitgeber untätig und reagiert nicht rechtzeitig auf den Teilzeitantrag, tritt das beantragte Teilzeitbegehren entsprechend in Kraft.

9.3 Brückenteilzeit

Seit dem 01.Januar 2019 wurde zudem gemäß §9a TzBfG ein Anspruch auf Brückenteilzeit erschaffen. Danach können Beschäftigte bei Vorliegen der entsprechenden Voraussetzungen ihre Arbeitszeit für einen bestimmten Zeitraum reduzieren, um dann wieder zu ihrer ursprünglichen Arbeitszeit zurückzukehren.

Wir unterscheiden daher im Arbeitsverhältnis zwischen der unbefristeten und befristeten Teilzeit (Brückenteilzeit). Doch nicht jeder hat Anspruch auf diese Art von Teilzeit – dafür müssen folgende Kriterien zutreffen:

» Das Unternehmen muss dauerhaft mehr als 45 Arbeitnehmer beschäftigen.

» Das Arbeitsverhältnis besteht bereits länger als 6 Monate.

» Der Antrag auf Brückenteilzeit wurde mindestens drei Monate vor Beginn der gewünschten Teilzeitbeschäftigung eingereicht.

» Der Antrag enthält konkrete Angaben zum Umfang, Beginn und Ende der Arbeitszeitreduzierung.

» Der Umfang der Arbeitszeitreduzierung muss zwischen mindestens einem und höchstens fünf Jahren liegen.

» Es dürfen keine betrieblichen Gründe vorliegen, die die Organisation, Arbeitsprozesse oder Sicherheit im Unternehmen wesentlich beeinträchtigen würden.

» Die Anzahl der in Brückenteilzeit befindlichen Arbeitnehmer darf nicht bereits zu hoch sein. Das Gesetz staffelt hier je nach Anzahl der Mitarbeiter im Betrieb.

Die Brückenteilzeit kann für viele Arbeitnehmer eine echte Option sein, die in der Zukunft planungssicher rückgängig gemacht werden kann.

10 Arbeitsunfähigkeit: Rechte und Pflichten im Krankheitsfall

Ist ein Arbeitnehmer arbeitsunfähig erkrankt, regelt das Entgeltfortzahlungsgesetz (EntgFG), ob und unter welchen Voraussetzungen dem Arbeitnehmer das Arbeitsentgelt von seinem Arbeitgeber für die Zeit der Arbeitsunfähigkeit weitergezahlt wird.

Wichtiger Hinweis:

Neu eingestellte Beschäftigte haben gemäß § 3 EntgFG in den ersten vier Wochen seit Beginn des Arbeitsverhältnisses keinen Anspruch auf Entgeltfortzahlung im Krankheitsfall gegenüber ihrem Arbeitgeber.

In diesem Zeitraum springt die Krankenkasse ein und zahlt Krankengeld (sog. Wartezeit). Dieses fällt etwas geringer als das normale Entgelt aus und beträgt lediglich 70 % vom Brutto, jedoch höchstens 90 % vom Netto.

Besteht die Arbeitsunfähigkeit über das Ende der vierten Beschäftigungswoche hinaus, zahlt der Arbeitgeber vom Beginn der fünften Woche an das reguläre Entgelt für einen maximalen Zeitraum von sechs Wochen. Auf den 6-Wochenzeitraum der Entgeltfortzahlung wird die 4-wöchige Wartezeit also nicht angerechnet, sodass sich der Zeitraum der Entgeltfortzahlung nicht um die Krankheitsdauer in der Wartezeit verkürzt.

Grundsätzlich hat ein Arbeitnehmer im Fall der Arbeitsunfähigkeit zwei unterschiedliche Verpflichtungen, denen er nachkommen muss.

1. Der Arbeitnehmer muss den Arbeitgeber rechtzeitig über die vorliegende Arbeitsunfähigkeit informieren (**Anzeigepflicht**) – bestenfalls vor Arbeitsantritt. Nur so hat der Arbeitgeber die Möglichkeit, den personellen Ausfall zu kompensieren und ggf. umzuplanen.
2. Zum anderen muss der Arbeitnehmer einen Nachweis über die Arbeitsunfähigkeit in Form eines ärztlichen Attestes erbringen (**Nachweispflicht**).

Wird die Anzeige- oder Nachweispflicht verletzt, können schlimmstenfalls Sanktionen drohen, wie z. B. eine Abmahnung oder im Wiederholungsfall auch eine Kündigung.

Die Vertragsart oder Arbeitszeit spielt dabei keine Rolle: Der Anspruch auf Entgeltfortzahlung im Krankheitsfall gilt für Voll- und Teilzeitbeschäftigte, Minijobber (geringfügig Beschäftigte) und Auszubildende gleichermaßen.

10.1 Die Anzeigepflicht

Die Anzeigepflicht ist in § 5 EntgFG geregelt. Danach hat ein arbeitsunfähig erkrankter Mitarbeiter dem Arbeitgeber die Arbeitsunfähigkeit und deren voraussichtliche Dauer unverzüglich mitzuteilen. Dies bedeutet, dass die Krankmeldung am ersten Tag der Erkrankung, und zwar vor oder spätestens zum Arbeitsbeginn erfolgen muss. Die Anzeigepflicht besteht auch innerhalb der ersten vier Wochen seit Bestehen des Arbeitsverhältnisses, in denen der Arbeitgeber noch keine Entgeltfortzahlung zahlen muss (während der Wartezeit). Die Mitteilung der Arbeitsunfähigkeit hat, je nach getroffener Vereinbarung, auf dem dafür vorgesehenen Weg zu erfolgen. An dieser Stelle sind verschiedene Optionen denkbar. Der eine Arbeitgeber bevorzugt eine telefonische Krankmeldung, wohingegen für einen anderen Arbeitgeber eine Mail oder eine WhatsApp ausreicht. Der Adressat der Krankmeldung kann ebenfalls unterschiedlich ausfallen. Eine Krankmeldung kann direkt an den Vorgesetzten oder an den entsprechenden Personalverantwortlichen zu richten sein.

Wichtig ist nur:

Zeigen Sie Ihre Arbeitsunfähigkeit und deren voraussichtliche Dauer rechtzeitig und auf dem dafür vorgesehenen Weg an.

10.2 Die Nachweispflicht: Wann muss ein ärztliches Attest vorliegen?

Bitte verwechseln Sie nicht die Anzeigepflicht mit der Nachweispflicht. Die Anzeigepflicht bedeutet zusammenfassend nur, dem Arbeitgeber rechtzeitig bekanntzugeben, dass man nicht zur Arbeit kommt und wie lange die voraussichtliche Dauer der Arbeitsunfähigkeit sein wird.

Im zweiten Schritt geht es um die Nachweispflicht. Nämlich die wichtige Frage, wann der Arbeitnehmer seine Arbeitsunfähigkeit durch ein ärztliches Attest nachweisen bzw. bestätigen lassen muss.

Seit dem 01. Januar 2023 sind Arbeitgeber gesetzlich verpflichtet, eine elektronische Arbeitsunfähigkeitsbescheinigung (eAU) bei den jeweiligen Krankenkassen abzurufen. Die Vorlagepflicht eines ärztlichen Attestes durch den Arbeitnehmer ist damit weggefallen. Das eAU-Verfahren ist jedoch nicht uneingeschränkt anwendbar, sondern gilt nur für gesetzlich versicherte Arbeitnehmer.

Für privat krankenversicherte Arbeitnehmer, geringfügig Beschäftigte in Privathaushalten, Zeiten von Rehabilitations- und Vorsorgemaßnahmen, sowie für gesetzlich krankenversicherte Arbeitnehmer, die sich an einen Privatarzt oder einen Arzt im Ausland wenden, gilt das eAU-Verfahren nicht. In diesen Fällen ist der Arbeitnehmer weiterhin verpflichtet, bei seinem Arbeitgeber ein ärztliches Attest einzureichen.

Wann Sie als Arbeitnehmer spätestens zum Arzt müssen, verrät Ihnen, sofern keine vom Gesetz abweichenden Regelungen vereinbart wurden, § 5 des Entgeltfortzahlungsgesetzes (EntgFG):

> *„Dauert die Arbeitsunfähigkeit länger als drei Kalendertage, hat der Arbeitnehmer eine ärztliche Bescheinigung über das Bestehen der Arbeitsunfähigkeit sowie deren voraussichtliche Dauer spätestens an dem darauffolgenden Arbeitstag vorzulegen."*

Der Arbeitnehmer muss seine Arbeitsunfähigkeit daher spätestens am 4. Krankheitstag durch ein ärztliches Attest bestätigen lassen. Die Pflicht, das Attest seinem Arbeitgeber rechtzeitig persönlich vorzulegen, ist seit der Anwendung des eAU-Verfahrens damit weggefallen.

Aber Vorsicht:

Da der Arbeitgeber gemäß § 5 Abs.1 S.3 EntgFG jedoch berechtigt ist, die „Vorlage" der ärztlichen Bescheinigung auch früher zu verlangen, folgern die Gerichte, dass ein ärztliches Attest bereits für den ersten Krankheitstag verlangt werden kann.

Die Entscheidung kann der Arbeitgeber aus seinem Ermessen heraus treffen. Es kommt demnach nicht darauf an, ob der Arbeitgeber den begründeten Verdacht hegt, dass der Arbeitnehmer „blau macht". (In der Praxis ist genau dies jedoch meistens der Beweggrund.)

Findet man im Arbeitsvertrag keine Regelung zum Zeitpunkt der Attestpflicht, bleibt es zunächst bei der gesetzlichen Regelung und damit einer Attestpflicht ab dem 4. Krankheitstag, sofern dies ein Arbeitstag ist.

Da es bei der Berechnung der Frist für die Bestätigung eines ärztlichen Attestes häufig zu Missverständnissen kommt, hier ein kleines Beispiel:

Beispiel 1:

Arbeitnehmer A hat sich eine Grippe eingefangen und teilt die Arbeitsunfähigkeit und deren voraussichtliche Dauer seinem Arbeitgeber vorbildlich noch vor Arbeitsantritt am Montagmorgen telefonisch mit.

Da Arbeitnehmer A die ganze Woche lang ausfällt, muss er spätestens am Donnerstag zum Arzt und die Erkrankung durch ein ärztliches Attest bestätigen lassen, wenn er auch am Donnerstag zur Arbeit eingeteilt gewesen wäre.

Beispiel 2:

Arbeitnehmer A erkrankt an einem Freitag, da er sich den Magen verdorben hat. Hätte er regulär am Montag arbeiten sollen, ist jedoch immer noch nicht wieder gesund, muss er gleich am Montag zum Arzt und die Erkrankung durch eine Arbeitsunfähigkeitsbescheinigung bestätigen lassen. Das Wochenende zählt hierbei mit, da das Gesetz von drei Kalendertagen ausgeht.

10.3 Darf der Arbeitgeber nach der Diagnose fragen?

Arbeitgeber können ihre Mitarbeiter natürlich nach der Art der Erkrankung fragen, aber als Arbeitnehmer ist man nicht dazu verpflichtet, Angaben über die Art oder Ursächlichkeit der Krankheit zu machen. Insofern sind Angaben des Arbeitnehmers hierzu freiwillig.

Eine Ausnahme kann bei hochansteckenden Krankheiten gelten, die ggf. vom Arbeitnehmer offenzulegen sind. Hier steht der Schutzgedanke der anderen Mitarbeiter oder Kunden im Vordergrund.

Über die Krankenkasse erhält der Arbeitgeber ebenfalls keine Details zur Ursächlichkeit der Krankheit oder deren Diagnose. Die Krankenkassen dürfen aufgrund des gesetzlichen Auskunftsanspruches des Arbeitgebers lediglich Auskunft geben, ob es sich um eine Fortsetzungserkrankung oder eine völlig neue Erkrankung handelt.

Anders sieht die Rechtslage aus, wenn die Zweifel an der Arbeitsunfähigkeit so groß werden, dass sich daraus ein Rechtsstreit vor den Arbeitsgerichten entwickelt und sich beide Parteien vor Gericht wiedersehen. Hier geht es in der Regel um die Frage, ob der Arbeitgeber Entgeltfortzahlung leisten muss oder nicht. Trägt der Arbeitgeber stichfeste Indizien vor, die die Arbeitsunfähigkeit des Arbeitnehmers ernsthaft in Frage stellen, muss der Arbeitnehmer gegebenenfalls seine Krankheitsursachen offenlegen und spätestens jetzt seinen Arzt von der Schweigepflicht entbinden.

10.4 Wie lange besteht ein Anspruch auf Entgeltfortzahlung?

Arbeitnehmer haben von Beginn einer Arbeitsunfähigkeit an einen Anspruch auf Entgeltfortzahlung durch den Arbeitgeber für maximal sechs Wochen (42 Kalendertage). Nach Ablauf der sechs Wochen endet für den Arbeitgeber die Zahlungspflicht für den Arbeitgeber und die Krankenkasse springt ein.

Dieser Zeitraum bezieht sich dabei in der Regel auf jeweils eine Erkrankung bzw. den Grund für die Arbeitsunfähigkeit. Bei einer neuen Erkrankung aufgrund einer anderen Ursache entsteht ein erneuter Anspruch auf sechs Wochen Entgeltfortzahlung. Das ist in der Praxis leider nicht immer leicht abzugrenzen und führt nicht selten zu Diskussionen.

10.5 Welche Ansprüche bestehen bei wiederholter Krankheit?

Grundsätzlich begründet jede „neue Erkrankung“ einen Anspruch auf Entgeltfortzahlung für weitere sechs Wochen. Eine Ausnahme gilt jedoch dann, wenn sich zwei Krankheitszeiträume überschneiden oder es sich tatsächlich gar nicht um eine neue, sondern eine „alte Erkrankung bzw. das gleiche Grundleiden“ und damit um eine sogenannte Fortsetzungserkrankung handelt.

10.5.1 Zwei sich überschneidende Krankheiten:

Betrachten wir zunächst den Fall zwei sich überschneidender Krankheiten. Arbeitsrechtler sprechen auch von der sogenannten „Einheit des Verhinderungsfalls.“

Beispiel:

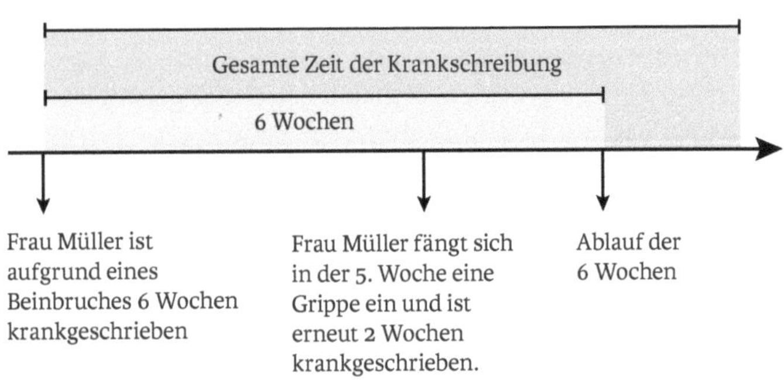

Frage:

Muss der Arbeitgeber Entgeltfortzahlung für das gebrochene Bein für sechs Wochen und den Zeitraum von weiteren zwei Wochen für die Grippe leisten?

Lösung:

Auch wenn es sich um zwei verschiedene Krankheiten handelt, bekommt Frau Müller insgesamt nur einmal sechs Wochen die Entgeltfortzahlung für ihr gebrochenes Bein.

Schließt sich an eine Erkrankung mit einer Erstbescheinigung nahtlos eine neue Erkrankung mit einer neuen Erstbescheinigung an oder entsteht während dieses Zeitraums, hat der Arbeitnehmer insgesamt nur einmal Anspruch auf Entgeltfortzahlung, beginnend ab der ersten Krankheit, für insgesamt sechs Wochen.

Begehrt der Arbeitnehmer zweimal Entgeltfortzahlung für jeweils 6 Wochen, müsste er erstens beweisen, dass es sich um eine völlig neue Erkrankung handelt und zweitens, die vorherige Erkrankung komplett ausgeheilt ist (ggf. Arzt im Prozess von der Schweigepflicht entbinden). Dies ist bei sich überschneidenden Krankheiten zumeist aus der Natur der Sache schon nicht möglich.

Getreu dem Motto „Man kann es ja mal versuchen“ gibt es dennoch immer wieder Arbeitnehmer, die den Bogen hier eindeutig überspannen. So z. B., wer noch bis Montag wegen einer Erkältung und nahtlos ab Dienstag wegen einer anderen Ursache krankgeschrieben ist. Hier geht die Rechtsprechung in der Regel davon aus, dass es sich aufgrund des engen zeitlichen Zusammenhangs um eine einheitliche Krankheit handelt und die ursprüngliche Krankheit nicht ausgeheilt ist (BAG Urteil v. 11.12.2019, 5 AZR 505/18).

Hier liegt es dann am Arbeitnehmer dies vor den Arbeitsgerichten zu beweisen.

10.5.2 Nochmal krank wegen der gleichen Ursache

Etwas anderes gilt, wenn der Arbeitnehmer immer wieder wegen der gleichen „Altlasten“ ausfällt. Solche Konstellationen können z. B. bei einem wiederkehrenden Rückenleiden aufgrund eines Bandscheibenvorfalls in der Vergangenheit oder einer latenten Depression, die immer wieder zum Vorschein kommt, einschlägig sein.

Wir haben ja bereits gelernt, dass es pro Krankheit grundsätzlich nur einmal sechs Wochen Entgeltfortzahlung gibt.

Von diesem Grundsatz, dass bei einer fortgesetzten Erkrankung nur einmal für insgesamt sechs Wochen Entgeltfortzahlungsansprüche des Arbeitnehmers bestehen, gibt es in § 3 Abs. 1 Satz 2 EFZG zwei Ausnahmen.

1. Ausnahme:

Die erste Ausnahme betrifft den sogenannten 6-Monats-Zeitraum. War ein Arbeitnehmer sechs Monate lang wegen derselben Krankheit nicht arbeitsunfähig, entsteht ein neuer 6-Wochen-Anspruch nach § 3 Abs. 1 Satz 2 Nr. 1 EFZG. Heißt, er darf sechs Monate nicht wegen seiner "Altlasten" krankgeschrieben gewesen sein.

Beispiel:

Arbeitnehmer A erkrankt im Januar an der Bandscheibe und muss operiert werden. Er fällt sechs Wochen aus und erhält Entgeltfortzahlung.

Im Oktober hat er erneut mit seiner Bandscheibe zu kämpfen und fällt weitere sieben Wochen aus. In diesem Fall entsteht im Oktober ein neuer Anspruch auf Entgeltfortzahlung für sechs Wochen, da zwischen der ersten Erkrankung und dem Wiederaufleben derselben Krankheit mehr als 6 Monate liegen.

2. Ausnahme:

Erkrankt ein Arbeitnehmer erneut an der gleichen Krankheit,

ohne dass der 6-Monats-Zeitraum erfüllt wird, sieht das Gesetz jedenfalls spätestens nach Ablauf von 12 Monaten einen neuen Anspruch auf Entgeltfortzahlung für 6 Wochen nach § 3 Abs. 1 Satz 2 Nr. 2 EFZG vor.

Beispiel:

Arbeitnehmer A erkrankt ab dem 15. Januar 2023 an einer Depression und fällt für 5 Wochen aus. Im Juni 2023 fällt er wieder 2 Wochen und im September auch nochmal 1 Woche aufgrund des gleichen Grundleidens aus. Schließlich wird er im Februar 2024 wieder für weitere 5 Wochen krankgeschrieben.

Frage:

Für welchen Zeitraum steht A Entgeltfortzahlung zu?

Lösung:

Arbeitnehmer A hat einen Entgeltfortzahlungsanspruch für den Zeitraum der ersten Erkrankung ab dem 15. Januar 2023 – 5 Wochen - sowie für eine Woche im Juni 2023. Für die zweite Woche der Juni-Erkrankung sowie für die eine Woche im September besteht kein Anspruch, da die 6-Wochen-Frist ausgeschöpft ist und zwischen der neuen und letzten Krankheit weniger als sechs Monate liegen.

Für die krankheitsbedingte Arbeitsunfähigkeit ab Februar 2024 besteht dagegen wieder ein voller Entgeltfortzahlungsanspruch für sechs Wochen; zwar sind seit der letzten Arbeitsunfähigkeit (September 2023) keine sechs Monate vergangen, der Beginn der ersten Arbeitsunfähigkeitsperiode (15. Januar 2023) liegt jedoch mehr als 12 Monate zurück.

Ok das war kompliziert! ☺

Aber genau deswegen muss man in der Praxis genau zwischen einer „Alt-Krankheit" und einer neuen Krankheit sowie den entsprechenden Krankheitszeiträumen differenzieren.

10.6 Wie hoch ist der Anspruch auf Entgeltfortzahlung?

Während der Arbeitsunfähigkeit ist dem Arbeitnehmer das Entgelt weiterzuzahlen, das ihm auch ohne die Arbeitsunfähigkeit zugestanden hätte. Daher wirken sich Veränderungen des Entgelts im Rahmen des Arbeitsverhältnisses, wie z. B. Tariferhöhungen auch auf die Höhe der Entgeltfortzahlung aus.

Bei einem gleichbleibenden Gehalt erhält der Arbeitnehmer daher genau das gleiche Gehalt, als wenn er gearbeitet hätte. Unterliegt das Gehalt monatlichen Schwankungen, z. B. aufgrund eines Bonus oder einer Provision, muss ein Durchschnitt des Gehaltes gebildet werden. Dafür greift der Arbeitgeber auf den Referenzzeitraum der letzten 13 Wochen zurück.

Nicht berücksichtigt werden bei der Entgeltfortzahlung hingegen Überstundenvergütungen, Überstundenzuschläge und Einmalzahlungen, wie bspw. Urlaubs- oder Weihnachtsgeld.

10.7 Freizeitaktivitäten - Was ist während der Krankschreibung erlaubt?

Nicht selten kommt es vor, dass „offiziell" krankgeschriebene Arbeitnehmer bei Freizeitaktivitäten oder einfach beim Spaziergang im Park gesehen werden. Dies ruft bei einigen Arbeitgebern erheblichen Ärger hervor, denn schließlich gehört ein krankgeschriebener Arbeitnehmer doch ins Bett, oder?

Die Realität sieht an dieser Stelle anders aus. Denn grundsätzlich darf ein Arbeitnehmer während seiner Arbeitsunfähigkeit allen Tätigkeiten nachgehen, die seiner Genesung nicht im Weg stehen. Sein Verhalten darf eine Heilung weder erschweren noch verzögern. Daher hängt die Art der Freizeitaktivität von der Schwere der Erkrankung ab. Eine strenge Bettruhe dürfte in vielen Fällen jedoch nicht erforderlich sein.

Deshalb kann es im Einzelfall zulässig sein, wenn der Arbeitnehmer:

» Spaziergänge unternimmt
» Sport treibt (ausgenommen sind natürlich Extremsportarten oder Leistungssport)
» Reisen oder Ausflüge macht (sofern dies mit der Erkrankung vereinbar ist)
» Einkäufe oder sonstige Erledigungen unternimmt

Da die Gründe einer Erkrankung vielfältig sein können, ist in der Praxis immer der konkrete Einzelfall zu beurteilen. Während bei einer Depression der Besuch einer Geburtstagsfeier genesungsfördernd sein kann, ist dies bei einer Grippeerkrankung wohl eher nicht der Fall.

Zusammenfassend muss sich ein Arbeitnehmer daher so verhalten, dass seine Genesung nicht verzögert wird. Kleiner Spoiler: Der Besuch von Partys oder Festivals während der Arbeitsunfähigkeit kommt bei den doch eher konservativ eingestellten Richtern am Arbeitsgericht tendenziell nicht so gut an.

10.8 Was passiert nach den sechs Wochen Entgeltfortzahlung?

Nach Ablauf der sechs Wochen Entgeltfortzahlung wird der Arbeitgeber von der Pflicht zur Zahlung frei und die Krankenkasse übernimmt alles Weitere. Gemäß § 44 SGB V handelt es sich beim Krankengeld um eine Entgeltersatzleistung der Krankenversicherung zur wirtschaftlichen Sicherung bei Arbeitsunfähigkeit infolge von Krankheit.

Das Krankengeld entspricht jedoch nicht mehr dem vollen Durchschnittsgehalt. Die Höhe des Krankengeldes beträgt 70 % des zuletzt bezogenen Bruttoverdienstes. Es darf jedoch 90 % des Nettoarbeitsentgelts nicht übersteigen. Das Krankengeld ist dabei auf einen gesetzlichen Höchstbetrag von 120,75 Euro pro Tag (Stand: 2024) begrenzt.

Das Krankengeld ist für einen maximalen Zeitraum von 78 Wochen innerhalb von drei Jahren beschränkt.

10.9 Kann ich mich krank melden, wenn mein Kind krank ist?

Berufstätige Eltern können sich von der Arbeit freistellen lassen, wenn ihr Kind krank ist und sie dieses betreuen müssen.

Bitte verwechseln Sie dies jedoch nicht: Ist lediglich das Kind krank und nicht Sie selbst, müssen Sie sich nicht selbst krankschreiben lassen. In diesem Fall sind ja auch nicht Sie, sondern ihr Kind krank.

Dafür hat der Gesetzgeber extra das Konzept „Kind Krank“ in § 45 SGB V geschaffen. Gesetzlich versicherte Elternteile haben daher Anspruch auf Krankengeld, wenn sie zur Beaufsichtigung, Betreuung oder Pflege ihres erkrankten und versicherten Kindes der Arbeit fernbleiben. Hierzu ist eine ärztliche Bescheinigung erforderlich. Voraussetzung ist ebenfalls, dass das erkrankte Kind nicht älter als 12 Jahre alt oder aufgrund einer Behinderung auf Hilfe angewiesen ist. In diesen Fällen erhalten Sie Krankengeld von der Krankenkasse.

§

Das sind die aktuellen Regelungen im Jahr 2024 und 2025

- **Jedes versicherte Elternteil** hat pro Jahr und je versichertem Kind Anspruch auf **15 Kinderkrankengeldtage**.
- **Alleinerziehende Elternteile** erhalten pro Jahr und Kind **30 Arbeitstage**.

Bei mehreren Kindern erhöht sich die Anspruchsdauer entsprechend.

Wichtig:
Es gibt allerdings eine Höchstgrenze für Kinderkrankentage pro Jahr, die unabhängig von der Anzahl der Kinder ist.

- Bei mehreren Kindern steigt die **Gesamtzahl** der Anspruchstage **pro Elternteil** und pro Jahr maximal auf **35 Arbeitstage**.
- Für **Alleinerziehende** mit mehreren Kindern steigt die Gesamtzahl auf maximal insgesamt **70 Arbeitstage** pro Jahr.

11 Der Urlaub ist heilig

Das Thema Urlaub ist im Berufsleben ein großes und wichtiges Thema. Immer wieder kommt es vor, dass Arbeitnehmer gar nicht wissen, wie viel Urlaub ihnen eigentlich zusteht. Viele Fragen, wildes Rumrechnen und nicht zuletzt ist Arbeitnehmern der Erholungsurlaub natürlich heilig.

Ab wann entsteht der Anspruch auf den vollen Jahresurlaub, wann verfällt der Urlaub und was ist, wenn man im Urlaub krank wird? Lassen Sie uns die wichtigsten Fragen im Urlaubsrecht einmal genauer betrachten.

11.1 Darf man während der Probezeit schon Urlaub nehmen?

Während der Probezeit stellt sich vielen Arbeitnehmern die Frage, ob überhaupt schon ein Anspruch darauf besteht, Urlaub zu nehmen.

Grundsätzlich ist dies nicht verboten. Mit jedem vollen Monat des Bestehens des Arbeitsverhältnisses erwirbt der Arbeitnehmer einen Anspruch auf 1/12 des Jahresurlaubsanspruches. Daher darf ein Arbeitnehmer in der Probezeit theoretisch auch seinen erworbenen Teilurlaubsanspruch nehmen. In der Praxis wird dies oftmals bei Arbeitgebern nicht gerne gesehen. Möchte man dennoch bereits in den

Urlaub fahren, sollte man sein Anliegen transparent gegenüber seinem Vorgesetzten kommunizieren oder seinen Erholungsurlaub zeitlich nach hinten verlagern.

11.2 Ab wann entsteht der volle Jahresurlaubsanspruch?

Der volle Urlaubsanspruch entsteht erstmals nach sechs Monaten seit Bestehen des Arbeitsverhältnisses. In § 4 des Bundesurlaubsgesetzes (BUrlG) heißt es dazu: „Der volle Urlaubsanspruch wird erstmalig nach sechsmonatigem Bestehen des Arbeitsverhältnisses erworben." Diesen Zeitraum bezeichnet man auch als Wartezeit.

Wie wir uns schon die Frage bei der Probezeit gestellt haben, heißt dies jedoch nicht, dass man vor Ablauf von sechs Monaten von seinem Arbeitgeber keinen Urlaub gewährt bekommen kann. Vor Ablauf von sechs Monaten erwirbt man als Arbeitnehmer lediglich einen anteiligen Anspruch auf Urlaub für jeden Monat des Bestehens des Arbeitsverhältnisses von 1/12.

Die Wartezeit von sechs Monaten besteht nur einmal - nämlich zu Beginn des Arbeitsverhältnisses. In den Folgejahren erwirbt ein Mitarbeiter bereits zu Beginn des Jahres seinen vollen Jahresurlaubsanspruch.

11.3 Wie viele Urlaubstage sind eigentlich Pflicht?

Grundsätzlich gewährt das Arbeitsrecht jedem Arbeitnehmer einen gesetzlichen Urlaubsanspruch. Regelungen zum gesetzlichen Urlaub findet man im Bundesurlaubsgesetz (BUrlG). Dieses sieht einen Mindesturlaubsanspruch von 24 Urlaubstagen bei sechs Arbeitstagen pro Woche vor. Das Bundesurlaubsgesetz geht nämlich von sechs Werktagen pro Woche (Montag bis Samstag) aus. Ja, Samstag ist übrigens ein Werktag.

Arbeitet ein Mitarbeiter daher lediglich an 5 Arbeitstagen pro Woche, muss die Anzahl der Urlaubstage einfach umgerechnet werden.

Umrechnungsformel zum Urlaub:

24 / 6 = 4 x Anzahl der jeweiligen Arbeitstage pro Woche = Anzahl der Urlaubstage

Beispiel:

Wenn ein Arbeitnehmer also an fünf Arbeitstagen pro Woche arbeitet, erwirbt er einen gesetzlichen Urlaubsanspruch von 20 Tagen.

Findet man keine Regelung zum Urlaub im Arbeitsvertrag, richtet sich die Anzahl der Urlaubstage nach den gesetzlichen Regelungen des Bundesurlaubsgesetzes und der Arbeitnehmer erwirbt zumindest den gesetzlichen Mindesturlaubsanspruch.

Oftmals gewährt ein Arbeitgeber jedoch darüber hinaus einen vertraglichen Zusatzurlaub im Arbeitsvertrag. Nicht selten sieht man daher Arbeitsverträge, die sogar zwischen 25 und 30 Urlaubstage vorsehen. Dies ist jedoch freiwillig.

Für den zusätzlichen, freiwilligen Urlaub können im Gegensatz zum gesetzlichen Mindesturlaub anderweitige Regelungen im Arbeitsvertrag getroffen werden, wie z.B. Regelungen zum Verfall oder der Auszahlung des Urlaubes.

11.4 Darf der Arbeitgeber den Urlaubswunsch verweigern?

Eine ziemlich ärgerliche Situation, wenn man den langersehnten Urlaub endlich geplant hat, aber der Arbeitgeber dann unerwartet den Urlaubsantrag ablehnt. War's das mit dem Urlaub?

Kurz vorab: Damit ein Mitarbeiter Urlaub nehmen kann, muss er diesen bei seinem Arbeitgeber beantragen und genehmigt bekommen. Ein eigenmächtiger Urlaubsantritt stellt eine Pflichtverletzung dar und kann schlimmstenfalls zur Abmahnung oder Kündigung führen.

§ 7 Bundesurlaubsgesetz (BUrlG) stellt klar, dass bei der Festlegung des Urlaubs die Wünsche des Arbeitnehmers zu berücksichtigen sind. Daher darf der Mitarbeiter grundsätzlich selbst entscheiden, wann er im Jahr Urlaub nehmen möchte und wann nicht.

Ausnahmsweise darf der Urlaub vom Arbeitgeber daher nur dann abgelehnt werden, wenn dringende betriebliche Gründe dem Urlaubswunsch des Arbeitnehmers entgegenstehen. Solche Gründe können z. B. sein:

- Personelle Engpässe, weil z. B. gleichzeitig mehrere Mitarbeiter Urlaub machen
- Fertigstellung von termingebundenen Aufträgen
- Abschluss- und Inventurarbeiten

Dringend sind die betrieblichen Belange immer dann, wenn die Urlaubserteilung zu einer erheblichen Beeinträchtigung des Betriebsablaufs führen würde.

Eine Urlaubsverweigerung sollte jedoch immer erst als letztes Mittel in Betracht kommen. Dementsprechend sind die Anforderungen an mögliche Gründe hoch.

11.5 Wann verfällt der Urlaub?

Der Urlaub dient bekanntlich dem Erholungszweck eines Mitarbeiters. Daher sollte der Urlaub, wenn möglich, auch während des laufenden Kalenderjahres genommen werden.

Eine Übertragung von am Jahresende nicht genommenen Urlaubstagen in das Folgejahr kommt daher nur unter bestimmten Voraussetzungen in Betracht. Eine Übertragung ist bei Vorliegen von dringenden betrieblichen Gründen oder persönlichen Gründen zulässig (§ 7 Abs.3 BUrlG). In diesem Fall muss der Urlaub in den ersten drei Monaten des Folgejahres, also bis zum 31. März, genommen werden- sonst verfällt er.

Persönliche Gründe sind z. B. die eigene Krankheit des Arbeitnehmers.

Zu den dringenden betrieblichen Gründen zählen in erster Linie: Termin- oder saisongebundene Aufträge, besonders hohes Krankheitsaufkommen im Betrieb oder Großaufträge.

Konnte der Urlaub auch bis zum 31. 03. des Folgejahres nicht genommen werden, verfällt er grundsätzlich.

Ausnahme:

Es gibt jedoch noch eine weitere Ausnahme, die zum Tragen kommen kann.

Handelt es sich um einen langzeiterkrankten Mitarbeiter, der weder im laufenden Kalenderjahr noch im Übertragungszeitraum bis zum 31. 03. des Folgejahres die Möglichkeit hatte, seinen Urlaub zu nehmen, verfällt der Urlaub erst 15 Monate nach Ende des Kalenderjahres.

Beispiel:

Frau Müller ist seit dem 15. Januar 2022 erkrankt und bezieht bereits seit Ende Februar 2022 Krankengeld. Auch im Jahr 2023 war Frau Müller durchgehend krank. Eine Genesung ist weiterhin unklar.

Frage:

Wann verfällt der Urlaub für das Jahr 2022?

Wichtig zu wissen:

Auch wenn ein Mitarbeiter das ganze Jahr über durchgehend krank ist, entsteht der reguläre Urlaubsanspruch. Mithin hat Frau Müller trotz ihrer Abwesenheit im Jahr 2022 ihren vollen Jahresurlaub erworben. Da der Urlaub aufgrund der dauerhaften Erkrankung nicht genommen werden konnte, verfällt dieser erst 15 Monaten nach Ende des Kalenderjahres. Für Frau Müller bedeutet dies, dass der Urlaub aus dem Jahr 2022 erst Ende März 2024 verfällt (15 Monate nach Ende des Kalenderjahres 2022).

11.6 Verfällt der Urlaub eigentlich automatisch?

Der Verfall von Urlaub hat uns Anwälte und viele Personaler die letzten Jahre ordentlich auf Trab gehalten, denn hier gab es rechtliche Neuerungen auf EU-Ebene (und diese stellen unser Rechtssystem nicht selten auf den Kopf).

Was war passiert?

Die neue Rechtsprechung des Europäischen Gerichtshofes (EUGH) und des Bundesarbeitsgerichts (BAG) hat mittlerweile klargestellt, dass Urlaub nicht mehr einfach so verfallen kann. Weder zum 31. 12. des Jahres noch zum 31. 03. des Folgejahres.

An dieser Stelle wurde der Schutz bezüglich der Urlaubsansprüche zugunsten von Arbeitnehmern weiter ausgedehnt. Danach verfällt offener Urlaub nämlich nur noch, wenn der Arbeitgeber unterjährig entsprechend seinen Mitwirkungspflichten nachkommen ist.

Dafür ist es erforderlich, dass der Arbeitgeber den Arbeitnehmer im laufenden Kalenderjahr:

» auf die Höhe des noch vorhandenen Resturlaubs hinweist.

» ihn konkret aufgefordert hat den Urlaub zu nehmen.
» und ihn auf den drohenden Verfall des Urlaubs hinweist.

In der Praxis hat diese Vorgabe dazu geführt, dass Personalabteilungen ein System entwickeln mussten, wie sie die Mitarbeiter des Unternehmens rechtssicher auf den drohenden Verfall individuell hinweisen. Häufig wird dies mit einem individuellen Rundschreiben zur Mitte des Kalenderjahres umgesetzt.

Kommt der Arbeitgeber seiner Hinweispflicht nicht nach, hat dies zur Folge, dass nicht genommener Urlaub weder verfällt noch verjährt. Dies muss man erstmal wirken lassen, denn in der Praxis bedeutet dies, dass sich Resturlaubstage über mehrere Jahre ansammeln und nachträglich geltend gemacht werden können. Für Arbeitgeber eine ziemlich ärgerliche Angelegenheit, die mit hohen Kosten verbunden ist.

11.7 Was passiert mit dem Resturlaub bei der Beendigung des Arbeitsverhältnisses?

Wenn sich ein Arbeitsverhältnis dem Ende neigt, stellt sich die Frage, was mit dem restlichen Urlaub passiert.

Häufig wird dieser bereits für eine Freistellung des Mitarbeiters bis zum Ende der Kündigungsfrist verwendet. Ist das Arbeitsverhältnis jedoch bereits beendet und sind dennoch Resturlaubstage vorhanden, müssen diese an den Mitarbeiter ausgezahlt werden. In diesem Fall wandelt sich der Urlaubsanspruch in einen Zahlungsanspruch, die sogenannte Urlaubsabgeltung, um.

Das Gesetz differenziert bei der Höhe des Urlaubsanspruches im Falle der Beendigung des Arbeitsverhältnisses grundsätzlich nur danach, wann ein Arbeitnehmer aus dem Arbeitsverhältnis ausscheidet.

Verlässt ein Mitarbeiter nach erfüllter Wartezeit (sechsmonatiges Bestehen des Arbeitsverhältnisses) während der ersten Jahreshälfte (bis zum 30. 06.) das Unternehmen, erwirbt dieser nur einen Teilurlaubsanspruch in Höhe von 1/12 für jeden vollen Monat des Bestehens des Arbeitsverhältnisses. Scheidet er hingegen in der zweiten Jahreshälfte aus (ab dem 01. 07), erwirbt er den vollen Jahresurlaubsanspruch. Ausgezahlt werden müssen entsprechend alle Urlaubstage, die nicht verbraucht wurden.

Bezüglich der konkreten Anzahl von Urlaubstagen kommt es immer auf den Einzelfall und die jeweils getroffene Regelung im Arbeitsvertrag oder z. B. Tarifvertrag an. Für den mehrvertraglichen, freiwilligen Urlaub können Arbeitsverträge nämlich durchaus Kürzungsmöglichkeiten vorsehen oder eine Auszahlung auch gänzlich ausschließen.

Dies gilt jedoch nicht für den gesetzlichen Mindesturlaub. Enthält ein Arbeitsvertrag für den Arbeitnehmer abweichende, nachteilige Vereinbarungen, sind diese Regelungen unwirksam.

11.8 Was passiert mit dem Urlaub, wenn man im Urlaub krank wird?

Endlich ist der Urlaub da. Der Stress lässt nach und prompt hat es einen erwischt. Im Urlaub krank zu werden, ist natürlich der ungünstigste Zeitpunkt. Die Erholung ist damit vom Tisch. Für den Fall, dass ein Beschäftigter während des Urlaubs krank wird, gilt gemäß § 9 BUrlG, dass die Tage der Arbeitsunfähigkeit nicht auf den Urlaub angerechnet und damit wieder gutgeschrieben werden. Voraussetzung dafür ist jedoch, dass der Arbeitnehmer dies ab dem ersten Tag der Arbeitsunfähigkeit durch ein ärztliches Attest nachweist und seinen Arbeitgeber unverzüglich darüber informiert. Auch wenn es nach dem Arbeitsvertrag sonst ausreicht, die Krankheit durch ein ärztliches Attest z. B. erst ab dem 4. Krankheitstag zu bestätigen, verlangt das Gesetz hier das Attest ab dem 1. Krankheitstag.

Wichtiger Hinweis:

Der Urlaub, der wegen der Arbeitsunfähigkeit nicht genommen und somit gutgeschrieben wurde, darf nicht eigenmächtig an den ursprünglich geplanten Urlaub gehangen werden. Dies setzt das Einverständnis des Arbeitgebers voraus. Wer daher beabsichtigt, den verbleibenden Urlaub im Anschluss an den ursprünglich geplanten Urlaub zu nehmen, sollte sich daher umgehend von seinem Arbeitgeber die Erlaubnis einholen.

3

Ein Arbeitsverhältnis geht zu Ende

12 Ihre Rechte bei einer Kündigung: Was Arbeitnehmer unbedingt wissen sollten

Die Beendigung eines Arbeitsverhältnisses markiert einen bedeutenden Wendepunkt im Berufsleben eines jeden Arbeitnehmers. Besonders die Kündigung durch den Arbeitgeber stellt eine Situation dar, die nicht nur mit emotionalen, sondern auch mit rechtlichen Herausforderungen verbunden ist.

Wer schon einmal eine Kündigung erhalten hat, weiß, wie hart einen dieser Moment treffen kann. Daher ist es zunächst wichtig, Ruhe zu bewahren und genau zu wissen, was die nächsten wichtigsten Schritte sind.

Aus der Erfahrung als Fachanwältin für Arbeitsrecht weiß ich, dass ein Großteil der ausgesprochenen Kündigungen nicht rechtens ist. Das Kündigungsschutzgesetz in Deutschland setzt dem Arbeitgeber klare Grenzen und gibt vor, unter welchen Bedingungen einem Arbeitnehmer gekündigt werden kann und wann eben nicht.

Ziel dieses Kapitels ist es, Ihnen eine klare und verständliche Übersicht über die rechtlichen Rahmenbedingungen, die verschiedenen Kündigungsgründe an die Hand zu geben und Sie vor ungerechtfertigten Entlassungen zu schützen.

Die Kenntnis Ihrer Rechte und Pflichten ist der erste Schritt, um in schwierigen Zeiten handlungsfähig zu bleiben und die bestmöglichen Entscheidungen für Ihre berufliche Zukunft zu treffen.

12.1 Wann ist eine Kündigung durch den Arbeitgeber rechtlich zulässig?

Ein Arbeitsplatz sichert die Existenzgrundlage jedes Arbeitnehmers. Diesem Umstand trägt der deutsche Gesetzgeber Rechnung, weshalb das Kündigungsschutzgesetz vor sozial ungerechtfertigten Kündigungen schützen soll.

Ob eine Kündigung als wirksam erachtet wird, hängt daher maßgeblich davon ab, ob der betroffene Arbeitnehmer unter das Kündigungsschutzgesetz (KSchG)fällt.

Ist dies der Fall, sind die Anforderungen an eine Kündigung durch den Arbeitgeber nämlich wesentlich strenger.

Anwendbar ist das Kündigungsschutz gemäß §§ 1 Abs. 1, 23 KSchG immer dann, wenn der Arbeitgeber im Betrieb mehr als 10 Arbeitnehmer beschäftigt und der jeweilige Mitarbeiter, dem gekündigt werden soll, dort bereits länger als sechs Monate im Rahmen eines Arbeitsverhältnisses tätig ist.

Vorsicht:

Für die richtige Berechnung der Anzahl der Mitarbeiter im Betrieb kommt es auf deren wöchentliche Stundenzahl an.

» Wer bis zu 20 Stunden arbeitet, wird mit 0,5,

» Wer bis zu 30 Stunden arbeitet, wird mit 0,75 und

» Wer mehr als 30 Stunden arbeitet, wird mit 1,0

gerechnet.

Gehen Sie daher einmal in Ruhe alle Mitarbeiter der Reihe nach durch und listen deren wöchentliche Stundenzahl auf. Ab 10,25 Mitarbeitern haben Sie die Zahl geknackt und die erste Hürde gemeistert.

Auszubildende, freie Mitarbeiter sowie der Geschäftsführer selbst werden bei der Berechnung nicht mitgezählt. Bei größeren Betrieben muss die Frage der Anzahl von Mitarbeitern nicht vertieft werden, wenn offensichtlich ist, dass dort mehr als 10 Arbeitnehmer beschäftigt sind. Bei internationalen Unternehmen kommt es übrigens lediglich auf die Anzahl der Mitarbeiter in Deutschland an. Arbeitnehmer, die für das Unternehmen aus dem Ausland tätig sind, bleiben außer Acht.

Um festzustellen, ob der Schwellenwert von mehr als 10 Arbeitnehmern erfüllt ist, kommt es grundsätzlich nur auf den jeweiligen Betrieb an. Hat ein Unternehmen mehrere Betriebe, wie z. B. Filialen, kommt es darauf an, ob die einzelnen Filialen in personellen und sozialen Angelegenheiten selbstständig verwaltet und geleitet werden. Ist dies nicht der Fall und sind die einzelnen Betriebe in der Regel eng miteinander verflochten, sodass man von einem einheitlichen Betrieb ausgehen wird, kann dies zur Folge haben, dass sämtliche Mitarbeiter aus den einzelnen Betrieben addiert werden.

Merken Sie sich:

Kündigungsschutz steht einem Arbeitnehmer zu, wenn der Arbeitgeber mehr als 10 Arbeitnehmer beschäftigt und das jeweils zu kündigende Arbeitsverhältnis bereits länger als 6 Monate besteht (sogenannte Wartezeit). Sind beide Voraussetzungen erfüllt, benötigt der Arbeitgeber einen der in § 1 Abs. 2 KSchG vorgegebenen Kündigungsgründe. Welche das sind, schauen wir uns im nächsten Abschnitt an.

Ist das Kündigungsschutzgesetz nicht anwendbar, braucht der Arbeitgeber keinen Grund für die Kündigung und muss lediglich die Kündigungsfrist einhalten.

12.2 Was gibt es für mögliche Kündigungsgründe?

Das Kündigungsschutzgesetz stellt in § 1 Abs. 2 KSchG drei Kündigungsgründe zur Auswahl, auf die der Arbeitgeber eine Kündigung stützen kann.

» **Personenbedingte Gründe:**

Dazu zählt der Wegfall persönlicher Eigenschaften des Arbeitnehmers. Dies können z. B. lang andauernde Erkrankungen sein, bei denen auch in Zukunft nicht mit einer Genesung zu rechnen ist oder der Wegfall anderer persönlicher Eigenschaften, die für die Ausübung des jeweiligen Jobs zwingend erforderlich sind. An dieser Stelle muss vor Ausspruch einer Kündigung sorgfältig geprüft werden, ob nicht die Möglichkeit besteht, den Arbeitnehmer an einem anderen Arbeitsplatz weiter zu beschäftigen.

» **Verhaltensbedingte Gründe:**

In diesen Fällen liegt der Kündigung eine Pflichtverletzung bzw. ein Fehlverhalten des Arbeitnehmers zugrunde, wie z. B. eine erhebliche Störung des Betriebsfriedens, Arbeitsverweigerung oder ständiges

Zuspätkommen. Vor dem Ausspruch einer verhaltensbedingten Kündigung muss das Fehlverhalten in den meisten Fällen abgemahnt werden. Mit einer Abmahnung gibt der Arbeitgeber deutlich zu verstehen, dass er dieses Verhalten zukünftig nicht dulden wird und im Wiederholungsfall eine Kündigung droht.

» **Betriebsbedingte Gründe:**

Eine betriebsbedingte Kündigung beruht auf wirtschaftlichen Erwägungen und führt dazu, dass der Arbeitgeber Arbeitsplätze abbauen möchte.

Gleichzeitig darf eine Weiterbeschäftigungsmöglichkeit für den betroffenen Arbeitnehmer auf einem anderen freien Arbeitsplatz im Unternehmen nicht gegeben sein. Kommt eine andere Weiterbeschäftigungsmöglichkeit nicht in Betracht, muss zwischen mehreren Arbeitnehmern eine Sozialauswahl getroffen werden.

Sozialauswahl:

In der Entscheidung, wen er entlässt, ist der Arbeitgeber nicht frei. Bei mehreren in Betracht kommenden Arbeitnehmern, muss der Arbeitgeber innerhalb aller Arbeitnehmer, die über einen vergleichbaren, das heißt, austauschbaren Arbeitsplatz verfügen, denjenigen auswählen, der am wenigsten sozial schutzbedürftig ist.

Entscheidende Gesichtspunkte für die soziale Schutzbedürftigkeit sind gemäß § 1 Absatz 3 KSchG z.B. die Dauer der Betriebszugehörigkeit, das Alter des Arbeitnehmers, Unterhaltspflichten und das Vorliegen einer Schwerbehinderung.

Praxistipp:

Eine betriebsbedingte Kündigung ist in der Praxis wohl der am häufigsten vorkommende Kündigungsgrund. Gleichzeitig ist der Begründungsaufwand einer betriebsbedingten Kündigung vor den Arbeitsgerichten enorm hoch. Oftmals stellt sich daher heraus, dass der Kündigung eigentlich eine andere Motivation zugrunde liegt und die Argumentation des Stellenabbaus lediglich vorgeschoben ist.

Schreibt der Arbeitgeber trotz einer angeblich betriebsbedingten Kündigung noch zeitgleich eine neue Stelle aus, ist das Eigentor schnell geschossen. Von einem Wegfall des Arbeitsplatzes kann nicht die Rede sein. Die Chancen auf eine angemessene Abfindung sind gerade gestiegen.

13 Sonderkündigungsschutz

Neben dem regulären Kündigungsschutz gibt es auch Konstellationen, in denen Mitarbeiter Sonderkündigungsschutz genießen. So z. B. bei besonderen Fallgruppen oder aufgrund von tariflichen Regelungen. Darunter fallen:

» Schwangere Arbeitnehmerinnen

» Arbeitnehmer während der Elternzeit

» Schwerbehinderte Arbeitnehmer mit einem Grad der Behinderung 50 oder 30 (sofern eine Gleichstellung zugesprochen wurde)

» im Falle einer tarifvertraglichen ordentlichen Unkündbarkeit (teilweise sehen Tarifverträge vor, dass Arbeitnehmer eines gewissen Alters und einer langen Betriebszugehörigkeit nicht mehr ordentlich gekündigt werden können)

» bei Betriebsratsmitgliedern

Die Liste ist nicht dabei nicht abschließend. In diesen Fällen kann der Arbeitgeber nicht einfach kündigen, sondern muss sich teilweise im Vorfeld die entsprechende Genehmigung der zuständigen Behörde einholen.

14 Ordentliche Kündigung vs. Fristlose Kündigung - wo liegt der Unterschied?

Grundsätzlich ist bei dem Ausspruch einer Kündigung zwischen einer ordentlichen und einer außerordentlichen, auch fristlosen Kündigung genannt, zu unterscheiden. Bei einer ordentlichen Kündigung endet das Arbeitsverhältnis mit Ablauf der regulären Kündigungsfrist. Die Länge der Kündigungsfrist ergibt sich aus dem Arbeitsvertrag, dem Gesetz oder einem Tarifvertrag.

Eine fristlose Kündigung führt hingegen unmittelbar mit Zugang der Kündigung beim Arbeitnehmer zu einer sofortigen Beendigung des Arbeitsverhältnisses ohne Einhalten der Kündigungsfrist. Da eine fristlose Kündigung für den Arbeitnehmer weitreichende Konsequenzen mit sich bringt, ist diese nur im absoluten Ausnahmefall bei Vorliegen eines wichtigen Grundes gemäß § 626 BGB möglich.

Gerichte prüfen eine solche Kündigung zweistufig: Zum einen muss ein wichtiger Grund vorliegen und zum anderen müssen die Gründe so schwer wiegen, dass es dem Arbeitgeber unzumutbar erscheint, den Arbeitnehmer bis zum Ablauf der Kündigungsfrist weiter zu beschäftigen.

Vor den Arbeitsgerichten spielen bei einer fristlosen Kündigung häufig folgende Fallgruppen eine Rolle:

- Straftaten, wie z. B. ein Diebstahl, Arbeitszeitbetrug
- Selbstbeurlaubung
- Angekündigte Krankheitsfälle
- Sexuelle Belästigung am Arbeitsplatz
- Rassistische Beleidigungen

Hier ist stets im Einzelfall zu prüfen, ob eine fristlose Kündigung tatsächlich gerechtfertigt ist.

Achtung Frist:

Eine fristlose Kündigung durch den Arbeitgeber kann dabei nur innerhalb von zwei Wochen erfolgen. Die Frist beginnt dabei in dem Moment, in dem der Kündigungsberechtige, wie z. B. der Personalverantwortliche, von dem wichtigen Grund Kenntnis erlangt hat. Wer als Arbeitgeber eine fristlose Kündigung aussprechen möchte, muss sich daher beeilen.

Besteht im Unternehmen ein Betriebsrat, muss dieser, so wie bei jeder Kündigung, angehört werden. Bei einer fristlosen Kündigung muss die Anhörung noch innerhalb der zwei Wochen erfolgen. Außerdem muss dem Betriebsrat 3 Tage Zeit zur Stellungnahme gegeben werden.

Das Zeitfenster wird daher eng.

Vorsicht:

Für den Arbeitnehmer ist eine fristlose Kündigung mit weitreichenden Konsequenzen verbunden. Neben dem sofortigen Verlust des Arbeitsplatzes, kassiert er ebenfalls eine Sperrzeit von bis zu 12 Wochen bei der Beantragung von Arbeitslosengeld bei der Agentur für Arbeit. Der Vorwurf lautet hier: Beendigung des Arbeitsverhältnisses aufgrund eigenen Verschuldens.

14.1 Kündigung in der Probezeit: Einfach so möglich?

Eine Probezeit kann gemäß § 622 Abs. 3 BGB für einen maximal Zeitraum von sechs Monaten vereinbart werden. Da in den ersten sechs Monaten des Arbeitsverhältnisses die Wartezeit noch nicht erfüllt ist, findet das Kündigungsschutzgesetz keine Anwendung.

Der Arbeitgeber kann daher ohne Vorliegen eines Grun des in der Probezeit kündigen. Von ganz wenigen Ausnahmefällen abgesehen, wie z. B. einer Diskriminierung nach dem AGG, stehen die Erfolgschancen gegen eine Kündigung in der Probezeit vorzugehen, daher in der Praxis eher schlecht.

14.2 Was ist zu tun, wenn man eine Kündigung erhält?

Das Wichtigste zuerst: Haben Sie Zweifel an der Wirksamkeit einer Kündigung, können Sie beim zuständigen Arbeitsgericht eine Kündigungsschutzklage einreichen.

Handeln Sie bitte schnell!

Eine Kündigungsschutzklage kann nur innerhalb von **drei Wochen** beim Arbeitsgericht eingereicht werden (§§ 4, 13 KSchG). Die Frist beginnt mit dem Zugang der Kündigung zu laufen, d.h. ab dem Moment, in dem Ihnen die Kündigung zugestellt worden ist.

Versäumen Sie die dreiwöchige Frist, gilt eine Kündigung automatisch als wirksam. Auch dann, wenn die Kündigung eigentlich unwirksam gewesen wäre. Nur in absoluten Ausnahmefällen, wird eine Klage auch nachträglich zugelassen.

Eine Kündigungsschutzklage sollten Sie in den meisten Fällen nicht allein durchziehen. Aus der Erfahrung weiß ich, dass viele Arbeitnehmer froh sind, wenn sie mit ihrem Arbeitgeber nicht mehr selbst in Kontakt treten müssen und aus der „Schusslinie“ gezogen werden.

Wird z. B. nur eine Seite vor dem Arbeitsgericht in der Verhandlung von einem Anwalt vertreten, ist oftmals die erforderliche „Waffengleichheit“ nicht hergestellt. Holen Sie sich daher von Beginn an professionelle Unterstützung von jemandem, der genau Ihre Interessen vertritt. Hier fängt unser Job als Anwalt an. Wir betrachten die Angelegenheit ganz objektiv und unbefangen. Hin und wieder streiten wir uns auch ganz gerne (zwinker) – insgesamt also gute Voraussetzungen!

15 So verhandeln Sie Ihre Abfindung richtig

Abfindungen sind finanzielle Entschädigungen, die Arbeitgeber an Arbeitnehmer zahlen, wenn deren Arbeitsverhältnisse beendet werden.

Der Zweck einer Abfindung kann vielfältig sein: Sie dient in der Regel als Kompensation für den Verlust des Arbeitsplatzes, als Anerkennung für die geleistete Arbeit oder als Mittel zur Vermeidung langwieriger, rechtlicher Auseinandersetzungen.

Da ein Großteil der arbeitsrechtlichen Verfahren gegen Zahlung einer Abfindung beendet wird, gehen viele Arbeitnehmer fälschlicherweise davon aus, dass man den Arbeitgeber auf Zahlung einer Abfindung verklagen kann.

Ob dies so ist, klären wir im nächsten Abschnitt.

15.1 Habe ich als Arbeitnehmer Anspruch auf eine Abfindung?

Diese Frage ist definitiv einer der Top Ten Fragen, die mir Mandanten in Beratungsgesprächen immer wieder stellen.

Die Enttäuschung steht daher vielen ins Gesicht geschrieben, wenn meine Antwort lautet, dass es grundsätzlich keinen Anspruch auf eine Abfindung gibt.

Viele Arbeitnehmer unterliegen hier einem Irrglauben und gehen davon aus, dass ihnen eine Abfindung zumindest dann zusteht, wenn es sich um eine betriebsbedingte Kündigung handelt.

Auch das stimmt so nicht.

Das deutsche Arbeitsrecht sieht bei einer Kündigung durch den Arbeitgeber grundsätzlich nicht automatisch eine Abfindungszahlung vor.

Ausnahme:

Natürlich gibt es auch hier Ausnahmen. Spricht der Arbeitgeber z. B. eine betriebsbedingte Kündigung aus und sichert dem Arbeitnehmer bereits im Kündigungsschreiben eine Abfindung in Höhe von 0,5 Monatsverdiensten für jedes Jahr des Bestehens des Arbeitsverhältnisses zu, sprechen wir Juristen von einer Kündigung gemäß § 1a Kündigungsschutzgesetz (KSchG). In diesem Fall erwirbt der Arbeitnehmer automatisch einen Anspruch auf die der Höhe nach festgelegte Abfindung, sofern er im Gegenzug auf die Erhebung einer Kündigungsschutzklage verzichtet.

Der Deal lautet hier: eine der Höhe nach limitierte Abfindung gegen Klageverzicht.

Ein Anspruch auf eine Abfindung kann des Weiteren z. B. dann bestehen, sofern ein zwischen dem Betriebsrat und dem Arbeitgeber geschlossener Sozialplan eine entsprechende Abfindung vorsieht.

Falls Sie sich jetzt fragen, warum der Großteil der Arbeitsverhältnisse im Rahmen von Gerichtsprozessen dennoch gegen Zahlung einer Abfindung beendet werden, wenn denn eigentlich kein Anspruch besteht, ist die Antwort ganz einfach. Durch die Zahlung einer Abfindung kann ein Gerichtsprozess, unabhängig von seinem rechtlichen Ausgang, unmittelbar beendet werden.

Der Arbeitgeber erspart sich ein mögliches Unterliegen im Prozess und läuft nicht Gefahr, den Arbeitnehmer bei einer unwirksamen Kündigung wieder einstellen und Gehälter nachzahlen zu müssen. Daher ist die Motivation für Arbeitgeber in Gerichtsprozessen relativ hoch, eine Abfindung zu zahlen.

Wann stehen die Erfolgschancen auf eine Abfindung gut?

Zusammengefasst lässt sich die folgende Aussage treffen:

Je mehr Zweifel an der Rechtswirksamkeit einer Kündigung bestehen, desto größer sind die Chancen, eine hohe Abfindungssumme auszuhandeln. Hier ist eine realistische Einschätzung der Erfolgsaussichten der Kündigung und eine gute Verhandlungstaktik unbedingt erforderlich.

15.2 Wie hoch fällt eine Abfindung normalerweise aus?

Die Höhe einer Abfindung kann stark variieren und hängt von einer Vielzahl von Faktoren ab. Einen gesetzlich festgeschriebenen Wert gibt es, mit Ausnahme der soeben beschriebenen Kündigung nach § 1a Kündigungsschutzgesetz (KSchG), nicht.

Ein wesentlicher Faktor bei der Bestimmung der Höhe einer Abfindung ist die Dauer der Betriebszugehörigkeit.

Grundsätzlich gilt daher: Je länger ein Arbeitnehmer für ein Unternehmen tätig war, desto höher fällt die Abfindung aus. Das bisherige Einkommen des Arbeitnehmers spielt ebenfalls eine entscheidende Rolle. In Konstellationen, in denen der Arbeitnehmer ohne eigenes Verschulden seinen Job verliert, bspw. aufgrund von Betriebsschließungen oder Umstrukturierungen, werden häufig ebenfalls höhere Abfindungen gezahlt.

Fragt man einen Richter am Arbeitsgericht bezüglich einer möglichen Abfindungshöhe, würde dieser in den allermeisten Fällen vermutlich ein halbes Bruttomonatsgehalt für jedes Jahr der Beschäftigung vorschlagen.

Beispiel:

Herr Müller arbeitet im Betrieb B bereits seit 6 Jahren zu einem monatlichen Bruttogehalt von 3.000,00 €. Legt man nunmehr für die Berechnung der Abfindung einen Faktor von 0,5 zugrunde, würde Herr Müller eine Abfindung von 9.000,00 € brutto zustehen (3.000,00 € / 2 x 6 = 9.000,00 €brutto).

Ein Abfindungs-Faktor von 0,5 ist zwingend. Eine Abfindung kann auch bedeutend höher ausfallen. In der Praxis zeigt sich, dass eine angemessene Abfindung oft das Ergebnis strategisch kluger Verhandlungen ist, die die spezifischen Umstände des Einzelfalls berücksichtigen.

16 Abmahnung erhalten?

Am Arbeitsplatz ist eine Abmahnung ein wichtiges Instrument der betrieblichen Ordnung und dient als Vorbereitungsschritt für weiterreichende, arbeitsrechtliche Konsequenzen, wie z. B. eine Kündigung. Sie ist ein „Warnschuss" des Arbeitgebers, der damit deutlich zum Ausdruck bringt, ein solches Verhalten in Zukunft nicht noch einmal zu dulden. Gleichzeitig hat eine Abmahnung nicht nur die Funktion auf ein Fehlverhalten aufmerksam zu machen, sondern gibt dem Arbeitnehmer auch die Chance, sein Verhalten in Zukunft zu ändern.

16.1 Welche Voraussetzungen muss eine Abmahnung erfüllen?

Eine wirksame Abmahnung muss bestimmte formelle und inhaltliche Kriterien erfüllen. Sie sollte schriftlich erfolgen und präzise Angaben zum beanstandeten Verhalten oder zur unzureichenden Leistung enthalten.

Wichtig ist, dass der Arbeitgeber in der Abmahnung konkret benennt, welches Verhalten oder welche Leistung als Verstoß gegen die arbeitsvertraglichen Pflichten gewertet wird.

Eine Abmahnung sollte daher die folgenden Elemente beinhalten:

- Vorwurf der konkreten Pflichtverletzung unter genauer Angabe des Sachverhaltes (Wer hat wann was gemacht?)
- Klarstellung der einzuhaltenden Pflicht
- Androhung möglicher Konsequenzen im Wiederholungsfall (z. B. eine Kündigung)

Merke:

Insgesamt muss die Abmahnung dem Arbeitnehmer die Pflichtverletzung genau vor Augen führen.

Floskeln wie z. B. „Sie kommen immer wieder zu spät“, „Sie stören regelmäßig den Betriebsfrieden“ oder „Ihr Verhalten gegenüber Kunden ist unmöglich“ sind zu allgemein und würden für eine wirksame Abmahnung nicht ausreichen.

16.2 Muss der Arbeitgeber drei Mal vor einer Kündigung abmahnen?

Eine Abmahnung kommt insbesondere vor dem Ausspruch einer verhaltensbedingten Kündigung in Betracht. Immer, wenn der Kündigung ein steuerbares Fehlverhalten des Arbeitnehmers zugrunde liegt, dient die Abmahnung als eine Art letzte Chance, in Zukunft alles besser zu machen.

Nur in Ausnahmefällen, z. B. bei einem sehr schwerwiegenden Verstoß des Arbeitnehmers oder wenn der Arbeitnehmer sich weigert, sein Verhalten zukünftig zu ändern, kann eine Abmahnung vor der Kündigung entbehrlich sein. In der Regel sind das Vorfälle, bei denen die Vertrauensbasis nachhaltig gestört ist.

Achtung Gerücht:

Es ist ein weit verbreiteter Mythos, dass einem Arbeitnehmer erst nach drei Abmahnungen wirksam gekündigt werden kann. Der Arbeitgeber ist nicht dazu verpflichtet, eine feste Anzahl an Abmahnungen vor einer Kündigung auszusprechen. Wie oft der Arbeitgeber vor einer Kündigung abmahnen muss, hängt davon ab, wie schwerwiegend das Fehlverhalten des Arbeitnehmers war.

Mehrere Abmahnungen müssen in der Regel dann ausgesprochen werden, wenn es sich nur um einen leichten Verstoß handelt oder wenn die erste Abmahnung schon sehr lange zurückliegt. Kommt der Mitarbeiter z. B. hin und wieder zu spät oder meldet sich nicht rechtzeitig arbeitsunfähig krank, wird eine einzige Abmahnung nicht ausreichen. Da muss schon ein bisschen mehr passieren.

Wenn ein Arbeitgeber das Arbeitsverhältnis beenden möchte, aber keine stichhaltige Begründung liefern kann, fängt er in der Regel an, nach Gründen zu suchen. Da wird so lange gekramt, bis etwas gefunden wird. Vor allem Arbeitszeitkonten oder Spesenabrechnungen sind hier ein gefundenes Fressen, da hier häufig Unregelmäßigkeiten auffallen.

So erging es auch einem Mandanten vor nicht allzu langer Zeit, der gleichzeitig mit acht Abmahnungen überschüttet wurde. Ein klares Signal dafür, dass hier eine schnelle und wirtschaftliche Lösung gefunden werden soll.

Häufiger Arbeitgeberfehler:

Ein Klassiker:

Der Arbeitnehmer findet in seinem Briefkasten zusammen mit der Abmahnung zeitgleich auch die Kündigung oder er erhält die Kündigung unmittelbar nach der Abmahnung, ohne dass es in der Zwischenzeit zu einem weiteren Fehlverhalten des Arbeitnehmers gekommen ist.

Wo liegt der Fehler?

Eine Kündigung darf sich nicht auf eine bereits abgemahnte Pflichtverletzung beziehen. Mahnt der Arbeitgeber ein Fehlverhalten ab, kann er nicht gleichzeitig eine Kündigung aufgrund des gleichen Fehlverhaltens aussprechen. Das Fehlverhalten ist durch die Abmahnung quasi verbraucht.

Für eine Kündigung müsste das gleiche oder zumindest gleichartige Fehlverhalten nach Ausspruch der Abmahnung erneut auftreten. Erst danach kann gegebenenfalls eine Kündigung ausgesprochen werden.

16.3 Wie kann ich mich gegen eine Abmahnung vom Arbeitgeber wehren?

Gegen eine Abmahnung hat man als Arbeitnehmer verschiedene Reaktionsmöglichkeiten:

- Anfertigung einer Gegendarstellung
- Einschalten des Betriebsrats
- Aufforderung zur Entfernung der Abmahnung aus der Personalakte
- Klage auf Entfernung der Abmahnung aus der Personalakte
- Einfach nichts tun

Welche Reaktionsmöglichkeit die Beste ist, hängt natürlich immer vom individuellen Einzelfall ab. Ist der Vorwurf unberechtigt und haltlos, macht eine Gegendarstellung und die Aufforderung zur Entfernung der Abmahnung aus der Personalakte durchaus Sinn. Entscheidet man sich als Arbeitnehmer für eine Klage auf Entfernung der Abmahnung und streitet sich mit seinem Arbeitgeber bereits vor Gericht, signalisiert man dem Arbeitgeber allerdings eine klare Botschaft. In diesem Stadium ist das Arbeitsverhältnis meist so zerrüttet, dass es nur noch eine Frage der Zeit ist, bis die Kündigung folgt. Arbeitsrechtsexperten nutzen diesen Zeitpunkt daher gerne als Einfallstor, um eine „runde

Gesamtlösung" zu finden und das Arbeitsverhältnis gegebenenfalls gegen Zahlung einer Abfindung einvernehmlich zu beenden.

Gibt es eine Frist für das Vorgehen gegen die Abmahnung?

Nein, eine gesetzliche Frist, innerhalb der man gegen eine Abmahnung rechtlich vorgehen muss, existiert nicht. Die Unwirksamkeit einer Abmahnung kann unter Umständen auch noch zu einem späteren Zeitpunkt geltend gemacht werden.

17 Notwendige Formalien einer Kündigung

17.1 Wie berechnet man die richtige Kündigungsfrist?

An dieser Stelle ist ein Blick in den Arbeitsvertrag, einen möglichen Tarifvertrag und das Gesetz erforderlich.

Möchte der Arbeitnehmer sein Arbeitsverhältnis selbst kündigen, gilt für ihn grundsätzlich eine kurze Kündigungsfrist von vier Wochen zum 15. oder zum Ende eines Kalendermonats, solange im Arbeitsvertrag keine abweichende Kündigungsfrist geregelt ist. Dies ergibt sich aus § 622 Abs. 1 BGB.

Machen wir dazu ein kleines Rechenbeispiel.

Beispiel:

Herr Müller möchte zukünftig andere Wege einschlagen und entscheidet sich Anfang März 2024 dazu, sein Arbeitsverhältnis kündigen zu wollen. Da im Arbeitsvertrag keine abweichende Regelung getroffen wurde, bleibt es bei der Regelung des § 622 Abs. 1 BGB. Am 11.03.2024 übergibt er seinem Chef schließlich die Kündigung.

Eine Kündigung ist hier unter Wahrung der vierwöchigen Kündigungsfrist zum 15.04.2024 möglich. Kündigt Herr Müller sein Arbeitsverhältnis allerdings erst am 21.03.2024, kann dieses nicht mehr zum 15.04. beendet werden (vier Wochen wären dann nicht gewahrt), sondern erst zum 30.04.2024.

Für den Arbeitgeber gilt die Frist des § 622 Abs. 1 BGB gleichermaßen, wenn das Arbeitsverhältnis nicht länger als zwei Jahre bestanden hat.

Ist der Arbeitnehmer jedoch bereits länger als zwei Jahre bei seinem Arbeitgeber beschäftigt, verlängert sich die Kündigungsfrist für den Arbeitgeber, je nach Dauer der Betriebs- bzw. Unternehmenszugehörigkeit.

Wichtiger Hinweis:

Hat der Mitarbeiter im Unternehmen zuvor eine Ausbildung abgeschlossen, sind diese Zeiten ebenfalls bei der Beschäftigungsdauer einzuberechnen.

Es ergeben sich daher folgende Kündigungsfristen (jeweils zum Monatsende):

- ab 2 Jahren Betriebszugehörigkeit → 1 Monat
- ab 5 Jahren Betriebszugehörigkeit → 2 Monate
- ab 8 Jahren Betriebszugehörigkeit → 3 Monate

» ab 10 Jahren Betriebszugehörigkeit → 4 Monate
» ab 12 Jahren Betriebszugehörigkeit → 5 Monate
» ab 15 Jahren Betriebszugehörigkeit → 6 Monate
» ab 20 Jahren Betriebszugehörigkeit → 7 Monate

Dies sind quasi die Mindestkündigungsfristen, die stets gewahrt werden müssen. Getreu dem Motto „Mehr geht immer - nur nicht weniger" müssen die gesetzlichen Kündigungsfristen eingehalten werden. Mit Ausnahme von Tarifverträgen- hier sind auch kürzere Kündigungsfristen möglich. Längere Kündigungsfristen können hingegen unproblematisch im Arbeitsvertrag geregelt werden. Ebenfalls kann vertraglich vereinbart werden, dass die längeren Kündigungsfristen nicht nur für den Arbeitgeber, sondern auch für den Arbeitnehmer gelten. In diesem Fall kommen beide Seiten nicht schnell aus dem Vertrag heraus.

Bei längeren Kündigungsfristen kommt es bei einer Beendigung des Arbeitsverhältnisses nicht selten zu Unstimmigkeiten. Der Arbeitnehmer hat in der Regel ein Interesse daran, ein bestehendes Arbeitsverhältnis zügig zu beenden. Mit dem Kopf ist er oftmals schon in einer neuen Beschäftigung angelangt. Der Arbeitgeber hingegen möchte, dass angefangene Arbeiten abgeschlossen werden und bis zum Ende des Arbeitsverhältnisses weiterhin Vollgas gegeben wird. Zwei völlig unterschiedliche Interessenlagen, die es in Einklang zu bringen gilt.

Das klappt nicht immer. Gerade wenn das Vertrauensverhältnis bereits angeknackst ist, entscheidet sich der Arbeitgeber daher in der Regel für eine Freistellung des Mitarbeiters bis zum Ende der Kündigungsfrist. Zu groß ist häufig die Angst, dass ein Arbeitnehmer Schaden anrichtet.

17.2 Und welche Kündigungsfrist gilt während der Probezeit?

Während der Probezeit, längstens für die Dauer von sechs Monaten, kann mit einer Frist von zwei Wochen gekündigt werden. Dies ergibt sich aus § 622 Abs. 3 BGB und gilt für Arbeitgeber und Arbeitnehmer gleichermaßen.

Wichtiger Hinweis:

Eine Probezeit ist zwar gesetzlich vorgesehen, aber kein Muss. Viele Arbeitgeber gehen fälschlicherweise davon aus, dass eine Probezeit samt kurzer Kündigungsfrist automatisch gilt.

Absoluter Trugschluss. Eine Probezeit macht absolut Sinn, genauso wie die kurze Kündigungsfrist. Jedoch muss dies explizit im Arbeitsvertrag geregelt werden.

Ohne eine entsprechende vertragliche Regelung gilt daher weder Probezeit noch die kurze Kündigungsfrist.

17.3 Muss eine Kündigung im Original unterschrieben werden?

Oldie – but Goldie! Die gute alte Schriftform. In Deutschland sieht die derzeitige gesetzliche Regelung trotz fortschreitender Digitalisierung bei einer Kündigung die Schriftform vor. Schriftform meint dabei „eigenhändige Unterschrift im Original". Wer zufälligerweise gerade eine Kündigung in den Händen hält, schaut sich die Unterschrift jetzt bitte einmal genauer an. Manchmal hilft es auch, das Blatt einfach mal umzudrehen. Drückt sich da eine Unterschrift durch?

Wenn ja, sieht es nach einer echten Unterschrift aus. Eine formale Voraussetzung, an der schon viele Kündigungen gescheitert sind.

Was habe ich in den letzten Jahren schon alles gesehen, was eine vermeintliche Kündigung darstellen sollte. Kündigungen, die nur mündlich ausgesprochen wurden, eingescannte Unterschriften, bei denen von 10 Meter Entfernung noch die Pixel zu sehen waren, Unterschriften per DocuSign oder noch besser: gleich per WhatsApp. Was haben all diese Kündigungen gemeinsam? Richtig: Alle sind gleichermaßen unwirksam.

Eine wirksame Kündigung muss vom Kündigungsberechtigten selbst per Hand unterschrieben und im Original an den Arbeitnehmer ausgehändigt werden. Wir werden sehen, ob sich dies in Zukunft ändern wird, aber aktuell stehen wir noch bei der guten alten Schriftform.

18 Der Aufhebungsvertrag – eine Alternative zur Kündigung?

18.1 Was ist ein Aufhebungsvertrag?

Ein Aufhebungsvertrag kann Fluch und Segen zugleich sein.

Klären wir zunächst einmal, was ein Aufhebungsvertrag in der juristischen Welt eigentlich bedeutet. Im Gegensatz zu einer Kündigung führt ein Aufhebungsvertrag zu einer einvernehmlichen Beendigung des Arbeitsverhältnisses.

Wie der Name „Vertrag“ schon sagt, unterschreiben beide Vertragsparteien, also Arbeitnehmer und Arbeitgeber, einen Vertrag, in welchem verbindlich geregelt wird, zu welchem Zeitpunkt und unter welchen Konditionen das Arbeitsverhältnis beendet wird.

Ohne die Zustimmung des Arbeitnehmers kommt ein Aufhebungsvertrag daher nicht zustande. Genau an dieser Stelle wird es spannend. Verwechseln Sie den Aufhebungsvertrag bitte nicht mit dem Abwicklungsvertrag. Dies ist ein anderes rechtliches Konstrukt.

18.2 Was ist der Unterschied zwischen einem Aufhebungsvertrag und einem Abwicklungsvertrag?

Im Gegensatz zu einem Aufhebungsvertrag wird das Arbeitsverhältnis durch den Abwicklungsvertrag nicht direkt beendet. Man muss sich den Abwicklungsvertrag eher als eine Art Beiwerk zur Kündigung vorstellen. In der Praxis erhält der Arbeitnehmer daher eine Kündigung und zusätzlich einen Abwicklungsvertrag, in dem die Konditionen geregelt sind, zu denen das Arbeitsverhältnis letztlich beendet wird. In den meisten Fällen finden sich in einem Abwicklungsvertrag Regelungen zu einer Abfindung, Freistellung oder anderen Ansprüche, die zwischen den Parteien ausgehandelt werden. Ist der Arbeitnehmer mit dem Abwicklungsvertrag einverstanden und unterschreibt diesen, verzichtet er im Gegenzug auf seine Rechtsschutzmöglichkeiten gegen die Kündigung vorgehen zu können.

Vorsicht:

Bitte lassen Sie sich bei einem Abwicklungsvertrag im Vorfeld gut beraten. Bezüglich des Risikos einer Sperrzeit beim Arbeitslosengeld gelten die gleichen Anforderungen wie bei einem Aufhebungsvertrag. Werfen Sie daher unbedingt einen Blick in das Kapitel „Sperrzeit“.

18.3 Vor- und Nachteile eines Aufhebungsvertrages

Vorteile eines Aufhebungsvertrages:

Beleuchten wir zunächst einmal die Interessenlagen bei einem Aufhebungsvertrag.

In den meisten Fällen überwiegen die positiven Aspekte des Aufhebungsvertrages auf Seiten des Arbeitgebers. Ein Aufhebungsvertrag ist für den Arbeitgeber praktisch. Das Ende des Arbeitsverhältnisses ist damit besiegelt und gleichzeitig unterliegt der Arbeitgeber nicht mehr dem Risiko einer Kündigungsschutzklage, so wie bei einer ausgesprochenen Kündigung. An die Kündigungsfrist ist man im Rahmen eines Aufhebungsvertrages auch nicht gebunden. Der Betriebsrat ist ebenfalls raus: Prima, denkt sich der Arbeitgeber.

Heißt in der Praxis: Die Beendigung des Arbeitsverhältnisses kann theoretisch von heute auf morgen erfolgen. Darauf lassen sich natürlich die wenigsten Arbeitnehmer ein. Was den Aufhebungsvertrag jedoch besonders „gefährlich macht", ist die oft dahinterstehende Drucksituation, in die Arbeitnehmer geraten und die drohenden Konsequenzen bei dem Bezug von Arbeitslosengeld.

Dazu kommen wir gleich.

Auf der anderen Seite kann ein Aufhebungsvertrag auch für den Arbeitnehmer eine echte Chance sein. Nämlich dann, wenn er zügig aus dem Arbeitsverhältnis möchte, da er ein anderes bzw. besseres Arbeitsverhältnis gewittert hat.

Häufiger Praxisfall: „Wie kommt man früher aus dem Arbeitsvertrag?“

Oft wird mir die Frage gestellt, ob man als Arbeitnehmer denn tatsächlich an die Kündigungsfrist gebunden ist und es keine Chance gibt, früher aus dem Arbeitsvertrag „rauszukommen“.

Dieses Problem stellt sich insbesondere bei längeren Kündigungsfristen, die vom Arbeitnehmer einzuhalten sind. Wie es der Zufall so will, flattert genau in diesem Fall ein neues Jobangebot ins Haus und der Arbeitnehmer ist nicht abgeneigt, seinen Arbeitgeber zu wechseln. Gleichzeitig möchte der neue Arbeitgeber nicht noch drei Monate auf seinen neuen Mitarbeiter warten und schon gerät der Arbeitnehmer in eine Zwickmühle.

In dieser Konstellation macht ein Aufhebungsvertrag durchaus Sinn. Ist der Arbeitgeber dann mit einer vorzeitigen Beendigung des Arbeitsverhältnisses einverstanden, steht dem neuen Arbeitsverhältnis nichts mehr im Weg.

Nachteile eines Aufhebungsvertrages:

Es gibt ja bekanntlich immer zwei Seiten der Medaille. Daher wird es Zeit, die Risiken des Aufhebungsvertrages zu beleuchten. Ich habe soeben bereits von einer Drucksituation gesprochen, in die Arbeitnehmer teilweise geraten.

Versetzen wir uns bitte zunächst einmal in folgende Situation:
Unerwartet und ohne Vorankündigung bittet der Arbeitgeber um ein Personalgespräch. Die Stimmung ist bereits seit einigen Monaten angespannt und entsprechend geht man mit einem etwas mulmigen Gefühl in das Personalgespräch.

Der Arbeitgeber kommt schnell zur Sache und eröffnet das Gespräch mit den Worten: „Es wird keine weitere Zusammenarbeit mehr geben. Wir müssen uns leider von Ihnen trennen.“ Gleichzeitig schiebt der Arbeitgeber den Entwurf eines Aufhebungsvertrages über den Tisch.

Mein simpelster und doch wichtigster Tipp:

Atmen Sie in diesem Moment einmal kurz durch und machen einfach nichts. Lassen Sie sich nicht hinreißen einen Aufhebungsvertrag ohne vorherige anwaltliche Prüfung zu unterschreiben.

Wenn Sie jetzt denken: „Ist ja logisch, warum sollte ich das tun?“, kann ich Ihnen versichern, dass mir in meinen vielen Berufsjahren einige unterschriebene Aufhebungsverträge auf den Tisch gelegt wurden, wo genau das passiert ist.

Drucksituationen entstehen in diesen Fällen oft durch die „Jetzt-oder-Nie-Prinzip-Karte", die der Arbeitgeber zieht. Der Arbeitgeber stellt Sie vor die Wahl, ob Sie jetzt entweder diesen Aufhebungsvertrag unterschreiben oder ggf. eine fristlose Kündigung kassieren. Oder noch besser: die Androhung einer Strafanzeige. Das muss nicht immer so ablaufen, aber eben häufig. Aus Angst vor schlimmeren Konsequenzen kommt es dann zur Unterschrift.

Die Folge: Sie verlieren kurzfristig Ihren Job und erleiden in der Regel noch Konsequenzen beim Bezug von Arbeitslosengeld. Schlimmstenfalls verhängt die Agentur für Arbeit eine Sperrzeit mit der Folge, dass Sie für bis zu drei Monate kein Arbeitslosengeld erhalten, da Sie einvernehmlich Ihr Arbeitsverhältnis beendet haben und womöglich noch dabei die Kündigungsfrist nicht eingehalten haben.

Mein Fazit zum Aufhebungsvertrag:

Es gibt keinen Grund, warum ein Aufhebungsvertrag in dieser Sekunde unterschrieben werden muss. Ein seriöser Arbeitgeber wird Ihnen immer die Möglichkeit geben, rechtlichen Rat einzuholen. Zusammen mit einem Arbeitsrechtsanwalt gibt es durchaus Möglichkeiten, einen Aufhebungsvertrag so zu gestalten, dass Sie als Arbeitnehmer „gut bei wegkommen."

Ist ein Aufhebungsvertrag erst einmal unterschrieben, ist es verdammt schwer, diesen mittels einer Anfechtungserklärung wieder aus der Welt zu bekommen. Lassen Sie sich daher nicht unter Druck setzen und handeln Sie nicht vorschnell.

19 Sperrzeit beim Arbeitslosengeld

Die Sperrzeit beim Bezug von Arbeitslosengeld ist vielen Arbeitnehmern bereits ein Begriff - zumindest in Kombination mit einem Aufhebungsvertrag. Schauen wir uns daher zunächst einmal an, unter welchen Voraussetzungen ein Arbeitnehmer überhaupt einen Anspruch auf Arbeitslosengeld hat.

19.1 Wann hat man als Arbeitnehmer Anspruch auf Arbeitslosengeld?

Grundsätzlich hat jeder Arbeitnehmer im Falle der Arbeitslosigkeit Anspruch auf Arbeitslosengeld (ALG1). Voraussetzung ist, dass der oder die Arbeitnehmerin in den vergangenen 30 Monaten mindestens 12 Monate versicherungspflichtig im Rahmen eines Arbeitsverhältnisses beschäftigt war – also Sozialversicherungsabgaben gezahlt hat und sich rechtzeitig arbeitslos gemeldet hat. Arbeitnehmer sind dazu verpflichtet, sich mindestens drei Monate vor dem Ende des Arbeitsverhältnisses bei der Agentur für Arbeit arbeitssuchend melden. Liegen zwischen der Kündigung und der Beendigung des Arbeitsverhältnisses weniger als drei Monate, müssen Sie sich innerhalb von 3 Tage nach Kenntnis des Beendigungszeitpunktes melden.

19.2 Gründe für eine Sperrzeit beim Arbeitslosengeld

Zunächst einmal ist es wichtig, zu erläutern, nach welchen Kriterien die Agentur für Arbeit eine Sperrzeit beim Bezug von Arbeitslosengeld verhängt. Dies ist grundsätzlich immer dann der Fall, wenn sich der Arbeitnehmer selbstverschuldet in die Situation der Arbeitslosigkeit gebracht hat.

Dies ist in der Regel der Fall, wenn ein Arbeitsverhältnis einvernehmlich beendet wird oder der Arbeitnehmer Anlass zur Kündigung gegeben hat, ohne dafür einen wichtigen Grund vorweisen zu können. Die Gründe sind in § 159 Abs. 1 SGB III aufgelistet.

Eine Sperrzeit kommt daher grundsätzlich in folgenden Konstellationen in Betracht:

- » Eigenkündigung
- » Verhaltensbedingte Kündigung/fristlose Kündigung
- » Einvernehmliche Beendigung, wie z. B. bei einem Aufhebungsvertrag
- » Verspätete Meldung als Arbeitssuchend

Die Dauer einer Sperrzeit hängt davon ab , welcher Pflichtenverstoß begangen wurde. Die Sperrzeit wegen einer Kündigung oder eines Aufhebungsvertrages beträgt in der Regel bis zu 12 Wochen.

19.3 Wie kann man eine Sperrzeit bei einer Kündigung oder einem Aufhebungsvertrag umgehen?

Daher ist es so wichtig, nicht vorschnell zu handeln und zunächst zu prüfen, ob der Aufhebungsvertrag überhaupt die richtige Wahl ist und diesen dann ggf. optimal zu gestalten.

Eine Sperrzeit kann grundsätzlich durch zwei verschiedene Möglichkeiten umgangen werden:

Vorliegen eines wichtigen Grundes

Ein wichtiger Grund liegt immer dann vor, wenn dem Arbeitnehmer eine Fortsetzung des Arbeitsverhältnisses unzumutbar ist. Dies ist bei Abschluss eines Aufhebungsvertrages oder einer Eigenkündigung zum Beispiel der Fall, wenn

- der Arbeitnehmer am Arbeitsplatz gemobbt wurde.
- der Arbeitnehmer einen Angehörigen pflegen muss.
- der Arbeitgeber bereits eine Kündigung in Aussicht gestellt hat und der Aufhebungsvertrag dieser nun zuvorkommt.

Die letzte Variante ist in der Praxis die am häufigsten vorkommende Variante. In diesen Fällen ist zusätzlich erforderlich, dass der Arbeitgeber eine Kündigung aus betrieblichen oder personenbedingten (und nicht verhaltensbedingten) Gründen ausgesprochen hätte, die reguläre Kündigungsfrist einhält und die Abfindung max. 0,5 Monatsgehälter pro Jahr der Beschäftigung beträgt.

Hält man sich bei der Gestaltung eines Aufhebungsvertrages an die internen Spielregeln der Agentur für Arbeit (auch bekannt als fachliche Weisungen der Agentur für Arbeit), kann eine Sperrzeit in den meisten Fällen vermieden werden. Erhält man hingegen eine wesentlich höhere Abfindung, schaut die Agentur für Arbeit genauer hin.

In diesen Fällen prüft sie nämlich, ob der Arbeitgeber tatsächlich hätte wirksam kündigen können.

Gerichtlicher Vergleich

Hat man als Arbeitnehmer eine Kündigung erhalten, daraufhin Kündigungsschutzklage eingereicht und einigt sich im Nachgang mit seinem Arbeitgeber auf eine Beendigung des Arbeitsverhältnisses im Rahmen eines gerichtlichen Vergleiches, ist man grundsätzlich vor einer Sperrzeit geschützt. Ebenfalls ist man bei der Verhandlung über die Höhe der Abfindung nicht limitiert.

Wichtiger Praxishinweis:

Wer als Arbeitnehmer eine Abfindung erhält, sollte auch bei einem gerichtlichen Vergleich zwingend darauf achten, seine reguläre Kündigungsfrist einzuhalten. Anderenfalls besteht das Risiko, dass die Agentur für Arbeit Ihnen das Arbeitslosengeld erst gewähren wird, wenn die reguläre Kündigungsfrist abgelaufen ist.

Schlusswort

Wie Sie gesehen haben, steckt die Tücke im Arbeitsrecht im Detail. Viele Probleme lassen sich lösen - aber ehrlicherweise auch nicht alle. Es macht nicht immer Sinn, um jeden Preis an seinem Arbeitsplatz festzuhalten. Oftmals ist eine Trennung mit entsprechenden finanziellen Kompensationen die vernünftigste Lösung. Man glaubt gar nicht, wie oft Arbeitgeber und Arbeitnehmer aneinander vorbeireden. Sprechen Sie Unsicherheiten oder Probleme daher offen an.

Eins sollte man dennoch nicht vergessen: Egal ob mit oder ohne Gerichtsverfahren, muss man vorerst weiterhin zusammenarbeiten und verbringt auf der Arbeit sehr viel Zeit mit Vorgesetzten und Kollegen.

Daher sollte jeder Arbeitnehmer für sich selbst entscheiden, ob er dennoch an seinem Arbeitsplatz verweilen möchte oder neue Wege einschlägt.

Denn eins ist sicher: Das Leben ist zu kurz für einen schlechten Arbeitgeber.

The End....